Johannes Kelch

Gartenstadt der Eisenbahner und Handwerker

Eigenarbeit, Gemeinschaftssinn und Zusammenhalt in der Münchner Siedlung Ludwigsvorstadt

Titelbild:

Das Titelfoto vermittelt einen Eindruck von der entstehenden Siedlung Ludwigsvorstadt aus der Zeit von 1927 bis 1930. Im Vordergrund ist eines der ersten Häuser in der Säulingstraße zu sehen. Typisch sind die zahlreichen Hütten in den Gärten - hier wohnten manche Siedler bis zur Fertigstellung ihrer Häuser. Der Blick in die Ferne belegt, dass die Gegend nicht bebaut war. Siehe auch das Foto auf Seite 33: Das auf dieser Seite abgebildete Wohnhaus mit Mansarddach stand neben der auf dem Titelbild gezeigten "Kaffeemühle". Beide Fotos bieten eine ähnliche Perspektive.

Bibliografische Information der Deutschen Nationalbibliothek: Die Deutsche Nationalbibliothek verzeichnet diese Publikation in der Deutschen Nationalbibliografie; detaillierte bibliografische Daten sind im Internet über dnb.dnb.de abrufbar.

Autor: Johannes Kelch

©: 2023 Johannes Kelch

Herstellung und Verlag:
BoD - Books on Demand, Norderstedt

ISBN: 9783743113220

Gliederung

Vorwort	7
Die Anfänge	9
Die ersten Häuser	21
Die 30er Jahre	48
Die 40er Jahre	52
1950 bis 1999	59
2000 bis 2022	64
Die Zukunft der Siedlung Ludwigsvorstadt	72
Allgemeine Erkenntnisse	74
Bildnachweis und Quellen	76

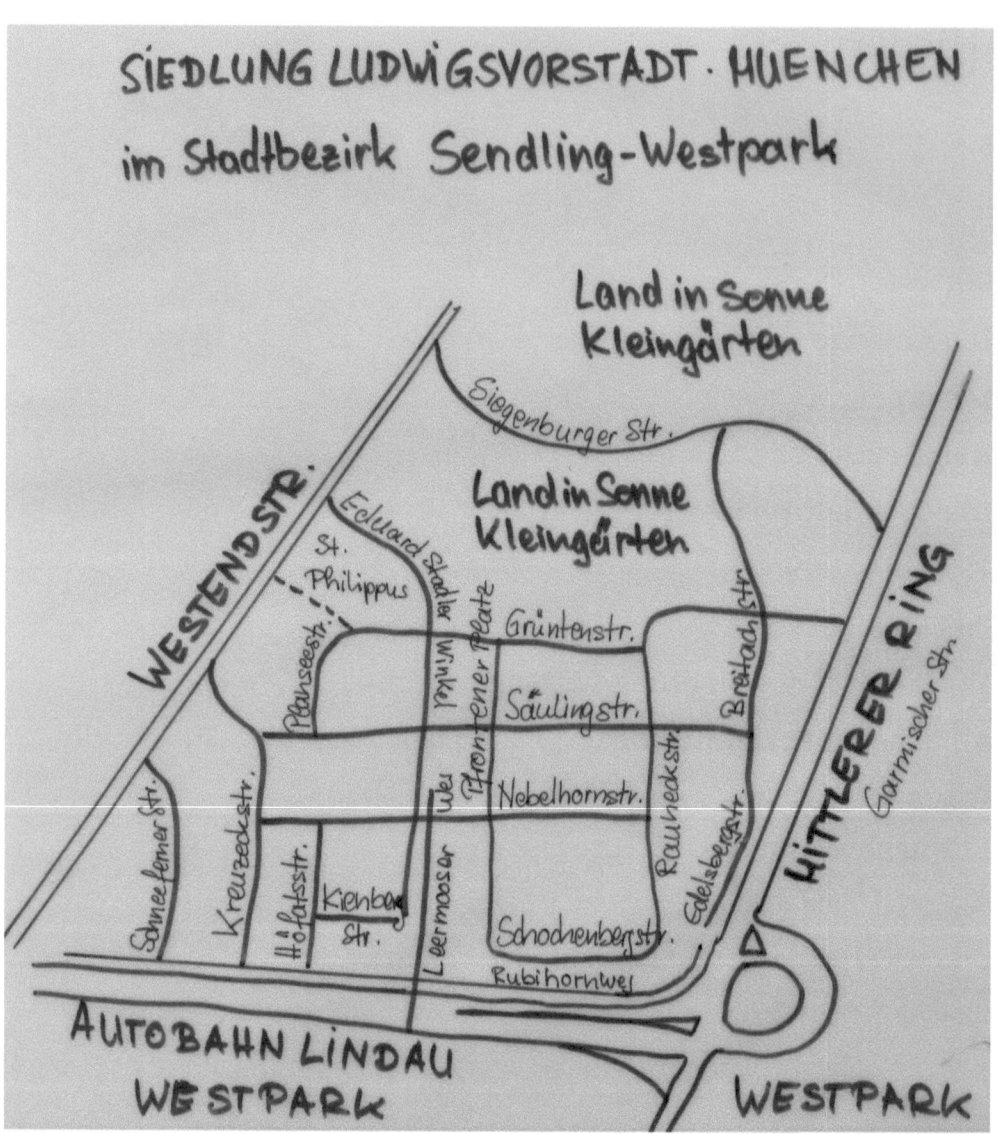

Vorwort

Die "Siedlung Ludwigsvorstadt" in München zeichnet sich unter vielen anderen Projekten der 20er Jahre nicht nur durch die genossenschaftliche Gründung einer Gartenstadt aus, sondern auch durch den Bau der Infrastruktur in Eigenleistung der künftigen Bewohner. Die meisten Grundstückskäufer waren Handwerker oder Eisenbahner, sie verfügten nur über geringe finanzielle Mittel. Auch bei der Errichtung von Häusern waren eigene Arbeit und Anstrengungen, wechselseitige Hilfe sowie Geschick bei der Beschaffung von Material gefragt.

Was haben die Gründer alles getan, um trotz eines bescheidenen Einkommens in einer Gartenstadt wohnen zu können? Wie wurden die Häuser finanziert? Welche bürokratischen Hürden mussten sie nehmen? Wie haben die Familien die Bombardierungen im Zweiten Weltkrieg überstanden? Was geschah in den Jahrzehnten von 1950 bis 2000?

Diese Veröffentlichung stellt die Geschichte der Siedlung anhand von Aussagen von Zeitzeugen sowie historischen Dokumenten und Bildern dar. Eine sehr wichtige und gute Quelle war ein Vortrag, den einer der ersten Siedler, Bernhard Ludwig, anlässlich des 40jährigen Jubiläums der Siedlung 1960 gehalten und schriftlich niedergelegt hat. Die Darstellung in dieser Publikation orientiert sich unter anderem an Ludwigs Vortrag.

Die historische Bezeichnung "Ludwigsvorstadt" muss erklärt werden: Neben der Maxvorstadt und der Isarvorstadt bezeichnete "Ludwigsvorstadt" um 1900 eine Stadtregion, die westlich der Altstadt mehrere Stadtteile umfasste, darunter das "Westend". Die "Baugenossenschaft Ludwigsvorstadt" war zunächst im Westend mit Wohnungsbau aktiv. Sie gründete eine Gartenstadt und nannte sie "Siedlung Ludwigsvorstadt", die sich jedoch auf freiem Feld und nicht in der Stadtregion Ludwigsvorstadt befand. Heute zählt sie zum Stadtbezirk 7, "Sendling-Westpark" und nicht zum inzwischen bestehenden Stadtbezirk 2 "Ludwigsvorstadt - Isarvorstadt".

Die hier beschriebene "Siedlung Ludwigsvorstadt" wird heute umgrenzt von der Autobahn Lindau, den Kleingartenanlagen "Land in Sonne", der Westendstraße und dem Mittlerem Ring.

Den Bewohnerinnen und Bewohnern, die Erzählungen, Fotos, Dokumente, Erklärungen, Anregungen und Korrekturen beigetragen haben, danke ich hier ganz besonders. Sie wollten zum Teil nicht genannt werden. Diesen Wunsch habe ich respektiert.

München 2023
Johannes Kelch

Die Anfänge 1918 bis 1930

Idee: "Siedlungswerk Ludwigsvorstadt e.V."

In den Unterlagen der Familie Handwerker befindet sich ein Dokument aus der Zeit nach dem Ersten Weltkrieg, das darauf hindeutet, dass die ersten Bestrebungen zur Gründung der Siedlung Ludwigsvorstadt bereits auf das Jahr 1918 zurückreichen. Das Dokument trägt den Titel: "Satzungen des Siedlungswerkes Ludwigsvorstadt e.V." Eine solche Organisation ist nach allen späteren Unterlagen nie entstanden, sie könnte aber tatsächlich unmittelbar nach Ende des Ersten Weltkriegs als Idee in die Welt gesetzt und dann verworfen worden sein - etwa wegen Aussichts- oder Erfolglosigkeit.

Zweck: Ein- und Zweifamilienhäuser ...

Paragraph 1 der "Satzungen" in dem eine Seite umfassenden Dokument führt den Namen ein. In Paragraph 2 wird der Zweck des Siedlungswerks e.V. so bestimmt: "1.) Der Zweck des Vereins besteht darin, für einen systematischen Ausbau des Siedlungswerkes Ludwigsvorstadt zu wirken, wie insbesondere für die Herstellung der Strassen, der Beleuchtungsanlagen, der Bebauung der Anlage mit Ein- und Zweifamilienhäusern, für Steuerbefreiung, für Erlangung von Zuschüssen für Siedlungsbauten und dergleichen. 2.) Gemeinsamer Einkauf von Baumaterialien, Dünger, Samen, Kleintierfutter; Aufklärung über Garten- und Obstbau durch fachmännische Vorträge und Halten einer Zeitschrift für Siedlungswesen. Gemeinschaftlicher Verkauf der Erträgnisse."

Mittel: Einzahlungen und Kredite ...

Paragraph 3 ist mit dem Wort "Mittel" überschrieben und lautet: "Der Verein sucht seinen Aufgaben gerecht zu werden durch die ihm zufliessenden Mittel aus Beiträgen der Mitglieder, aus Einzahlungen der Mitglieder, aus Stiftungen, Zuschüssen und sonstigen Einnahmen sowie aus Aufnahmen von Krediten. Ueber Einnahmen und Ausgaben entscheidet die Vereinsleitung. Über Aufnahmen und Buchführung von Krediten die Mitgliederversammlung. Verfügbare Bestände sind zinsbar zu hinterlegen in der Geschäftsstelle der Baugenossenschaft Ludwigsvorstadt, woselbst jeweils am 3. Dienstag jedes Monats Zahlungen für den Verein entgegengenommen werden."

Mitglieder: Personen, Vereine, Fabriken ...

Die Mitgliedschaft ist Gegenstand von Paragraph 4: "Der Verein setzt sich zusammen aus ordentlichen Mitgliedern, das sind Siedler des Siedlungswerkes und aus ausserordentlichen Mitgliedern, das sind Vereine, Fabriken, Behörden und Personen, welche die Bestrebungen des Vereins in irgendeiner Weise fördern und unterstützen. Alle Vereine erhalten für ihre Mitgliedschaft bis zu einer Mitgliederschaft von 500 Personen ein Stimmrecht von einer Stimme, bis zu 1000 Personen zwei Stimmen und darüber drei Stimmrechte, Behörden und Fabriken eine Stimme Stimmrecht. Das Stimmrecht wird in der Hauptversammlung durch Delegierte mittels einfacher Vollmacht ausgeübt."

Beiträge: Gebühren und Einzahlungen ...

Paragraph 5 beschäftigt sich mit Beiträgen: "Die Aufnahmegebühr beträgt 200 Mark. Ordentliche Mitglieder zahlen pro Jahr 1923 M. 500.-, ausserordentliche Mitglieder, Behörden und Fabriken M 1000.-. Der Vereinsbeitrag wird jedes Jahr in der Mitgliederversammlung festgesetzt." Die Zahl 1923 hat offenkundig keine Bedeutung. Die beiden letzten Paragraphen legen den Austritt "nur am Ende des Vereinsjahres" fest und bestimmen die Leitung des Vereins durch einen "Siedlungsrat, bestehend aus einem 1. Vorsitzenden als Geschäftsführer, einem 1. Kassier, der auch Schriftführer ist und aus fünf Beisitzern."

Interpretation

Auf dem undatierten Dokument ist handschriftlich in einer kleinen Schrift vermerkt: "Nach Erzählung meines Vaters Peter Handwerker geht Gründung und Grunderwerb auf das Jahr 1918 zurück." Wie Peter Handwerker der dritten Generation 2022 erklärte, stammt die Schrift von Peter Handwerker der zweiten Generation der Handwerker-Familie in der Grüntenstraße. Die Aussage bedeutet, dass Peter Handwerker der ersten Generation in der Grüntenstraße erzählt hat, dass die Siedlung 1918 gegründet worden sei und in diesem Jahr auch der Grunderwerb stattgefunden habe.

Anhand anderer Dokumente ließ sich dies nicht verifizieren. Bernhard Ludwig datiert in seinem Vortrag zum 40. Jubiläum die Siedlungsgründung auf 1920. Das Siedlungswerk Ludwigsvorstadt e.V. wird nirgendwo erwähnt. Es liegt daher der Schluss nahe, dass dieses Siedlungswerk nie realisiert wurde.

Offenbar war es auch illusorisch, Behörden, Fabriken und Vereine für die Idee des Siedlungswerks zu gewinnen. Allerdings lässt sich einwenden, dass im Norden Münchens zur gleichen Zeit nach dem Ersten Weltkrieg mehrere Unternehmen als Finanziers für die Genossenschaftssiedlung "Alte Heide" zu gewinnen waren. Ob der Grundstückskauf schon 1918 über die Bühne ging, ist schwer zu sagen. Es ließe sich eventuell über Unterlagen der Stadt herausfinden. Wahrscheinlich ist es schon, dass zwischen Grundstückskauf und Verkauf der ersten Grundstücke einige Zeit - Monate oder Jahre - verging. Denn es mussten ja vor den Verkäufen die Flächen parzelliert und die Straßen geplant werden.

Grundstückskauf bei einer Terraingesellschaft

Nach der 1960 von Bernhard Ludwig verfassten Chronik der Siedlung (Vortragstext) hat die Baugenossenschaft Ludwigsvorstadt einen Teil des heutigen Areals von rund 60 Tagwerk im Jahr 1920 von der Terraingesellschaft Friedenheim erworben.

Wer oder was waren Terraingesellschaften? Diese Unternehmen sammelten meist als Aktiengesellschaften in der Zeit von 1890 bis 1914 bei Anlegern Geld ein, um damit in der Peripherie der Städte, darunter München, in großem Umfang Boden zu erwerben, Siedlungen zu planen, Straßen und Wasserleitungen zu bauen und sodann Parzellen - bebaut oder unbebaut - an Endkunden zu verkaufen. Nicht selten erbrachten Terraingesellschaften überhaupt keine Leistungen und verkauften einfach Grund und Boden nach einer kurzen oder längeren Spekulationsfrist mit Gewinn weiter. Die Geldanlage in den Terraingesellschaften galt um die Jahrhundertwende als äußerst profitabel. Dass Städte wachsen und sich dabei viel Geld machen lässt, hatte sich bei betuchten Leuten herumgesprochen.

Die nach 1890 gegründete Terraingesellschaft Westend, die in Laim Grund aufkaufte, jedoch aufgrund des Widerstands der von Bauern dominierten Gemeinde kaum ein Bauvorhaben umsetzen konnte, sammelte anfangs eine Mio. Mark ein und löste sich 1900 wieder auf. An die Aktionäre wurden in diesem Jahr sieben Mio. Mark zurückgezahlt. Das bedeutet, dass in knapp 10 Jahren ein Gewinn - überwiegend aus Bodenspekulation - von rund 700 Prozent erzielt wurde. Doch Spekulationsgewinne dieser Art waren nicht immer und überall zu erreichen, in Wirtschaftskrisen konnten die Terraingesellschaften nur selten Grundstücke und Häuser veräußern.

Insbesondere nach dem Ersten Weltkrieg war es für die Terraingesellschaften sehr schwierig, Grund zu verkaufen. Die politische Lage war unsicher und undurchsichtig, die Arbeitslosigkeit hoch und die Einkommen niedrig. Der Staat versuchte mit Vermögensabgaben bei den Grundeigentümern Geld für Reparationszahlungen an die Siegermächte und den Wiederaufbau in Deutschland einzutreiben. Vermutlich fand die Terraingesellschaft Friedenheim in dieser Situation keine üblichen Käufer für den damals auf freiem Feld gelegenen, unerschlossenen Grund der späteren Siedlung Ludwigsvorstadt.

Chancen für eine Baugenossenschaft

Das war eine große Chance für eine Genossenschaft, Grund und Boden für den Hausbau zu halbwegs erträglichen Konditionen zu erwerben. Die Baugenossenschaft Ludwigsvorstadt kaufte das Areal (24 Tagwerk im Bereich der später entstehenden Grünten- und Säulingstraße ohne Infrastruktur, also ohne Straßen, Wasserleitungen, Kanalisation oder Strom- und Gasleitungen). Schon 1921 wurden weitere 22 Tagwerk unbebautes Land von den Grundeigentümern Kaffler (Stemmerhof in Sendling) und Berger hinzugekauft. 1926 kamen weitere viereinhalb Tagwerk an der Südseite der Nebelhornstraße hinzu. Ende der 20er Jahre zählten 50,5 Tagwerk zu der Siedlung. Ein Tagwerk entsprach in Bayern 3.407 Quadratmetern, das Areal war somit etwas mehr als 172.000 Quadratmeter groß. Heute umfasst die Siedlung rund 60 Tagwerk, das sind ca. 224.000 Quadratmeter - Straßenflächen inclusive. Da durch Straßen etwa 30 Prozent der Fläche belegt wurden, blieben für Bau- und Gartengrundstücke etwa 150.000 Quadratmeter übrig. Insgesamt 99 Käufer zählten zu den ersten Siedlern, so die Darstellung von Bernhard Ludwig.

Die Baugenossenschaft Ludwigsvorstadt

Die am 24. Februar 1911 gegründete Genossenschaft Ludwigsvorstadt wollte ursprünglich eine Gartenstadt bauen. Doch für dieses Vorhaben waren die Grundstücke in der ehemaligen Stadtregion Ludwigsvorstadt (Bahnhofsviertel, Theresienviertel und Theresienhöhe, Westend) schon zu teuer geworden. Daher errichtete die Genossenschaft im Westend in sehr kurzer Zeit große Mehrparteienhäuser in Blockbauweise. Schon im Dezember 1911 zogen die ersten Genossen in die Wohnungen ein.

Der rasche Bau von Wohnungen unmittelbar nach der Gründung belegt, dass die Genossenschaftsleitung außerordentlich geschickt ihr Vorhaben in die Tat umsetzte. In der damaligen Zeit war es äußerst schwierig für eine Genossenschaft, das Geld für den Grundstückskauf und den Bau großer Mehrfamilienhäuser aufzubringen. Arbeiter hatten damals kaum Ersparnisse und auch kein Bankkonto. Banken gaben Arbeitern lange Zeit keinen Kredit. Wer Grund zu verkaufen hatte, suchte nach Käufern mit großer Brieftasche, in der Regel reiche Unternehmer oder zumindest Bildungsbürger und Kaufleute, die über ein hohes Einkommen verfügten. Da gleichzeitig mehrere Genossenschaften im Westend gegründet wurden und Häuser bauten, gab es damals in München offenbar mindestens eine Bank, die erkannte, dass es sich bei den Genossenschaften um zuverlässige Kunden handelt, die in der Lage sind, Kredite langsam aber sicher kontinuierlich zurückzuzahlen.

Die Idee der Gartenstadt

Die Idee einer Gartenstadt, die am Anfang der Genossenschaft stand, hielt sich bis in die Zeit nach dem ersten Weltkrieg (1914 - 1918). Treibende Kraft bei der Gründung der "Siedlung Ludwigsvorstadt" war der Vorsitzende der Baugenossenschaft Ludwigsvorstadt, Anton Zimmermann. Er wollte selbst ein Wohnhaus für seine Familie errichten (was er auch frühzeitig in die Tat umsetzte). So erwarb die Baugenossenschaft einen Teil des Niemandslandes (Schäferwiese, Magerwiese) zwischen München-Westend (Ludwigsvorstadt) und den bereits eingemeindeten Gemeinden Untersendling und Laim. Wie hoch der Kaufpreis für den Grund war, der mit der Terraingesellschaft ausgehandelt wurde, konnte nicht ermittelt werden. Vermutlich lag der Quadratmeterpreis deutlich unterhalb der sieben Mark, die von der Baugenossenschaft von den Siedlern pro Quadratmeter Grundstück gefordert wurde. Für Straßenflächen wurden die Siedler, vermutlich wie damals üblich, entsprechend Grundstücksgröße an den Kosten beteiligt. Nimmt man an, dass die Straßenfläche im Vergleich zu den Grundstücksflächen 30 Prozent beträgt, könnte der Quadratmeterpreis beim Kauf etwa bei 4,90 Mark gelegen haben. Ob die Genossenschaft als Aufteiler und Darlehensvermittler für ihre Leistung von den Siedlern Gebühren berechnete, ist nicht bekannt, aber auch nicht ganz unwahrscheinlich.

Die Anfänge des Siedlungsbaus

Das Vorhaben war gewagt, denn der Grund war nicht erschlossen: keine Straße, keine Wasserleitung, keine Kanalisation, kein Gas, kein Strom, nichts, nur sogenannte Magerwiesen, ein Ort, an dem sich sprichwörtlich Fuchs und Hase Gute Nacht sagen. Um nicht viel verkäuflichen Boden für Straßen zu verlieren, legte die Baugenossenschaft sehr schmale Trassen fest. Daher sind auch heute die Straßen sehr schmal. Die Genossenschaft parzellierte die Flächen und verkaufte Grundstücke in der Größenordnung von 500 bis 1.000 Quadratmetern. Die Grundstückspreise bewegten sich somit zwischen 3.500 und 7.000 Mark (heute etwa 1.750 und 3.500 Euro). Das war damals eine hohe Summe. Laut Ludwig, beruflich Finanzberater, waren weniger zentral in München gelegene Grundstücke noch deutlich günstiger zu haben.

Da die Stadt es ablehnte, selbst Geld für Infrastrukturleistungen in die Hand zu nehmen, mussten die Siedler, die überwiegend vom Land - Oberpfalz, Niederbayern - in die Stadt zogen und nun ein eigenes Haus bauen wollten, zusammen die nötige Infrastruktur erstellen, im ersten Schritt Schotterstraßen mit Wasserleitung. Zusätzlich zum ohnehin finanziell schwierigen Hausbau kam als Aufgabe der Straßenbau hinzu. Wer sich darauf einließ, musste schon sehr viel Vertrauen in die eigenen Kräfte und die gemeinsame Eigenleistung der Siedler mitbringen. Die wöchentliche Arbeitszeit betrug in der Weimarer Republik (1919 bis 1933) 48 Stunden, an sechs Tagen, also auch am Samstag, täglich acht Stunden. Nach zum Teil schwerer Arbeit noch ins Siedlungsgebiet zu laufen, eine Schaufel in die Hand zu nehmen und weiter anstrengende Arbeiten zu verrichten, war eine enorme Belastung für die "Bauherren", ihre Familien und mithelfende Verwandte.

Zimmermann und Lautenschlager

Der Vorsitzende der Baugenossenschaft, Zimmermann, war Werkmeister bei der Reichsbahn. Chronist Ludwig beschreibt dessen Vorstellungen und Tätigkeiten so: "Er hatte den Willen, im Westen der Stadt Eigenheime mit Gärten zu errichten und Familien um sich zu sammeln, welche das gleiche wollten. Er setzte die Idee mit seltener Energie in die Tat um. Nach privaten Kaufverhandlungen schloss er persönlich einen Kauf-Vorvertrag mit der Terraingesellschaft und er war es, der dann seine Kollegen in der Vorstandschaft und den Aufsichtsrat der Baugenossenschaft für das Siedlungsprojekt erst gewinnen musste. Er war es, auch, der unter den Bauge- nossenschaftlern, seinen Berufskollegen und bei Bekannten und Verwandten die Werbetrommel rührte. Bald war dann auch ein genügend großer Kreis Siedlungswilliger hinter ihm. Bemerkenswerterweise waren davon die wenigsten aus der Baugenossenschaft selbst. Überwiegend kamen die Interessenten von ausserhalb und wurden erst durch Kauf von Siedlerparzellen Mitglieder der Baugenossenschaft. Ohne diese sozusagen neu hinzugekommenen Familien wäre es möglicherweise gar nicht zur Gründung der Siedlung gekommen." Ludwig weiter: "Zimmermann gab allen Schwung und Begeisterung für die schöne Sache. Er war voll Tatkraft und Unternehmungslust. Er zeigte aber auch Herz und Verständnis für solche, denen es schwer fiel, ihren Verpflichtungen nachzukommen. "

Schubkarren, Spaten, Zaunbeschläge

Der 2. Vorsitzende der Baugenossenschaft war Johann Lautenschlager, nach Darstellung von Bernhard Ludwig ebenfalls ein wichtiger Akteur: "Dieser unterstützte nicht nur die Pläne von Zimmermann auf das tatkräftigste, er sorgte auch mit Umsicht und fachlichem Können dafür, dass die Siedler mit dem nötigen Rüstzeug wie Schubkarren, Spaten, Pickel usw. versehen wurden. Durch ihn wurden auch die Zaunbeschläge beschafft, die in großem Umfange gebraucht wurden. In der damaligen Nachkriegszeit war dies nicht einfach, sie war ungefähr so eisenarm wie die Zeit nach 1945!"

Die ersten Siedler

Die ersten Siedler waren laut Bernhard Ludwig "sogenannte kleine Leute, die in redlicher Plage sich ihr Geld verdienten und die auch etwas erspart hatten". Sie waren überwiegend Handwerksmeister oder im öffentlichen Dienst bereits aufgestiegen. Des Weiteren konnten Sie beim Bau ihres Hauses auf tätige Mitarbeit von Verwandten und Freunden, geliehenes Geld aus der Familie oder wohl eher geringfügige Erbschaften zurückgreifen. Anders ist es nicht zu erklären, dass die Häuslebauer die Ausgaben für Grundstücks- und Hauskauf schultern konnten. Wie sich im Folgenden zeigen wird, waren viele Siedler vom Land aus der Oberpfalz und Niederbayern nach München gekommen und bei der Bahn beschäftigt. Laut Ludwig waren "Idealisten und Gartenliebhaber" darunter, auch "Optimisten, weil sie glaubten, alles mit ihrer Hände Arbeit allein schaffen zu können".

Manche Käufer überschätzten jedoch ihre Möglichkeiten. Ludwig wörtlich: "Bei den damals bescheidenen Löhnen und Gehältern war der Kauf also bestimmt ein Wagnis und es stellte sich auch sehr bald heraus, dass viele ihre Kraft überschätzt hatten und die auf sich genommene Last nicht mehr tragen konnten; sie konnten weder die vereinbarten Ratenzahlungen einhalten, noch sonst etwas erübrigen ... und dies alles bei ständig steigenden Lebenshaltungskosten und nachhinkenden Einkommen! Darum mussten in den Jahren 1921 und 1922 verschiedene Plätze in zweite und dritte Hände wechseln."

Kaufvertrag

Die Baugenossenschaft „Ludwwigsvorstadt" in München, Kazmairstr. 42 besitzt das in der Steuergemeinde Untersendling gelegene im Grundbuchamte München für Untersendling Band 47, Seite 451, Blatt 46 vorgetragene und nach generell erteilter Bestätigung des Stadtrentamtes München I, erworbene Grundstück.

Dieses Grundstück verkauft hiemit die Baugenossenschaft Ludwigsvorstadt in Parzellen, mit allen Rechten und Gerechtigkeiten, an ihre Mitglieder, unter folgenden gemeinschaftlichen Bedingungen.

Käufer müssen Mitglieder der Baugenossenschaft sein, und bindet sie dauernd zur Mitgliedschaft, lt. dem bestehenden Grundkaufs-Hypothekenvertrag. Ebenso müssen alle Verpflichtungen der Genossenschaft gegenüber erfüllt sein, das ist der Erwerb von mindestens einem Geschäftsanteil in der Höhe von Mark 200.—

Der Austritt aus der Genossenschaft bringt die Fälligkeit der Gesamtschuld und das Rückerwerbsrecht zum Ankaufs- und Schätzungswert für die Genossenschaft.

Der Erwerb einer Parzelle geschieht zum Zwecke der Erstellung von Eigenheim und Garten. Die Ansiedlung erfolgt nach den von der Genossenschaft mit der Staatsregierung vereinbarten Siedlungsgedanken, unter Berücksichtigung eventueller Wünsche.

Die Erstellung der Umzäunungen und der Wasserleitungen erfolgt unter Berechnung des Aufwandes und der Zinsen und jährlichen Tilgungen vorerst durch die Genossenschaft, tritt jedoch in den Besitz des Platzkäufers über und kann nach erfolgter Abrechnung der Erstellungskosten durch Aushändigung einer eigenen Quittung bezahlt werden.

Die Anfertigung der Pläne erfolgt durch die Genossenschaft unter Berechnung der Erstellungskosten zu Lasten des Käufers, unter Berücksichtigung der Angaben der Bedürfnisse.

Die Finanzierung der zu entstehenden Bauten erfolgt durch die Genossenschaft unter späterer Übertragung durch notarielle Verbriefung an den Käufer des Grundstückes.

Der Wiederverkauf eines Grundstückes kann nur erfolgen unter Einhaltung des Einkäufspreises und den durch Schätzung der Behörden festgesetzten Aufwandes.

Bei Todesfällen des Familienoberhauptes und anderer schwerwiegender Verhältnissen, wenn nicht anders möglich, übernimmt die Genossenschaft den Besitz zu oben angeführten Bedingungen.

Im Verkaufsfalle wird zur Pflicht gemacht, daß der neue Käufer sich den Bedingungen der Genossenschaft restlos unterwirft.

Die beiden Vertragsteile sind sich über den vorstehenden Eigentumsübergang einig.

Herr und Frau *Anton und Anna Kienzl*

Genossenschaftsmitglied Nr. *869* kauft unter den angeführten Bedingungen von der Baugenossenschaft Ludwigsvorstadt E. G. m. b. H. in München Kazmairstraße 42, die Parzelle Nr. *75* der Siedlung an der Westendstraße in der Größe von ———— qfuß = *1027* qm zum Preise von *M. 6.81* per qm, das ist Gesamtsumme Mark *6993.87* in Worten Mark *Sechstausendneunhundertneunzigdrei und 87/*

als Anzahlung leistet der Käufer Mark *6000.—* den restlichen Teil im Betrage von Mark *993.87* verpflichtet sich derselbe zu 3 % Verzinsung und 1 % Tilgung 4 Jahre, nach denselben 2 % Tilgung und 4½ % Verzinsung. Bei Eintritt früherer Bebauung tritt letzteres sofort in Kraft.

Ebenso verpflichtet sich der Käufer zur selben Verzinsung des Anlagekapitals für Wasser, Zäune, Straßen, Pläne und der gleichen nach errechneten Aufwande.

Für diese Verzinsungen und Tilgungen werden noch gesonderte Tilgungspläne ausgehändigt.

Die Besitzübergabe erfolgt mit Unterzeichnung dieses Vertrages und hat seine Rechtsgültigkeit. Für daraus sich ergebende Streitigkeiten gilt das Amtsgericht München. Die notarielle Verbriefung erfolgt nach Fertigstellung der Bauten unter Einrechnung der Notariatsgebühren zu Lasten des Käufers.

München, den *3. Oktober* 19*20*.

Anton und Anna Kienzl
Der Käufer.

Der Vorstand.

Die ersten Grundstücksverkäufe

Einer der ersten Grundstückskäufer war Anton Kienzl, der zusammen mit seiner Frau am 04. Oktober 1920 etwas mehr als 1.000 Quadratmeter in der Grüntenstraße erwarb. Der Kaufvertrag (vgl. S. 15 bis 17) zeigt, welchen Standardvertrag alle Käufer unterzeichnen mussten. Offenbar bestand damals die Absicht, die neuen Grundstückseigentümer sehr stark an die Genossenschaft zu binden. Sie mussten nicht nur in die Genossenschaft eintreten, sondern sich auch über die eingegangenen Zahlungsverpflichtungen (Darlehen) hinaus zu Leistungen verpflichten. Der Kaufpreis betrug 6,81 Mark pro Quadratmeter. Bernhard Ludwig beziffert die Kosten eines "Siedlerplatzes mit 1.000 Quadratmetern Grund ohne

Zaun und sonstigen Einrichtungen" auf etwa 8.000 Mark, vermutlich war das ein später geforderter Preis. Anton Kienzl, der als Schneidermeister und Laternwärter arbeitete und sich im Alter als den "letzten Laternwärter im Westend" bezeichnete - in einer Todesanzeige ist er als "Laternwärterobmann a.D." genannt -, konnte erst im Jahr 1934 auf dem 1920 erworbenen Grundstück ein Haus errichten (vgl. Seite 48).

Foto: Die ersten Siedler beim Straßenbau in der Zeit 1921 bis 1922. Das Schmalspurgleis wurde für den Materialtransport genutzt. Die Arbeitsmittel: Schaufeln und Pickel. Im Hintergrund befindet sich eine bis heute bestehende Kleingartenanlage. Der Standort der Siedler: etwa an der Einmündung der Grünten- in die Westendstraße

Straßen, Wasser, Strom, Gas

Die Straßen - Schotterstraßen - wurden vom Frühjahr 1921 bis zum August 1922 gebaut. Laut Ludwig war die Arbeit auf 99 Siedler verteilt, es seien rund 2500 Meter Straße in sieben oder zehn Meter Breite entstanden. Ein alter Schimmel und ein Feldbahngleis wurden zum Materialtransport genutzt, ansonsten war alles Handarbeit. Gearbeitet wurde im Sommer jeden Abend, am Sanstagnachmittag und am Sonntagvor- und nachmittag in Schichten von 20 bis 25 Mann. Der Wasseranschluss führte durch eine Unterführung - gemeint ist wohl die Eisenbahn-Unterführung der Westendstraße - und unter der damals noch nicht befestigten Westendstraße in die Siedlung. Ob auch diese Arbeit von den Siedlern oder einem Wasserversorger ausgeführt wurde, geht aus der Darstellung von Bernhard Ludwig nicht hervor. Im Herbst 1921 hatte aber nach der benannten Quelle jedes Grundstück einen Wasseranschluss. Elektrischer Strom kam erst 1924 und 1925. Bis dahin versorgten sich die ersten Siedler in provisorisch gebauten Hütten oder in ersten Häusern noch mit althergebrachten rußenden Petroleumlampen. Die ersten Gasanschlüsse wurden laut Quellen zu einem Anwesen in der Nebelhornstraße 1926 fertiggestellt.
Die Bemühungen der Siedler beim Straßenbau waren Gegenstand von Hohn und Spott. Ludwig: "Dass es an spazierengehenden Gaffern aus dem Westend in jenen Tagen nicht gefehlt hat, können Sie sich vorstellen; sie hatten Ihre Freude, meist Schadenfreude, uns schwitzen zu sehen. Neben gut gemeinten, wohlwollenden Zurufen gab es auch oft abfällige Bemerkungen, von denen die eine - so dumm wäre ich auch und würde mir eine Arbeit kaufen - noch zu den zahmsten gehörte."

Baudarlehen

Zum Thema "staatliche Wohnungsbauförderung zu Beginn der 20er Jahre" ist die Darstellung von Bernhard Ludwig von großem Interesse: "Auf Beihilfen vom Staat war nur unter sehr erschwerten Bedingungen zu rechnen. Aber Anfang 1923 waren staatl. Baudarlehen zugesagt gewesen - sie wurden nicht gewährt, weil der Aufsichtsrat der Baugenossenschaft die verlangte Bürgschaft verweigerte. Man darf behaupten, dass Unverstand, aber auch Neid die Ursache für diese Stellungnahme war. Nach dem Plan von Anton Zimmermann wäre damals die Bebauung der Siedlung in einem Zuge möglich gewesen." Nach einiger Zeit war es doch die Baugenossenschaft, die staatliche Hilfen vermittelte: "Die Baugenossenschaft war damals die Zwischenstelle, um die staatlichen Baudarlehen zu verschaffen, sie war aber auch bauberatend tätig", so der Siedler Ludwig. Darüber hinaus gab es auch Baudarlehen der Stadt und von Behörden für ihre Beschäftigten.

Auf dem Foto ist die umgebaute Militärbaracke von Fritz Heiniger (Vordergrund) zu sehen, im Hintergrund das Haus von Michael Hartl in der Nebelhornstraße

Die ersten Häuser

Das erste Haus war nach der Chronik von Bernhard Ludwig eine Militärbaracke, die sich ein Siedler namens Fritz Heiniger in sein Grundstück an der Nebelhornstraße stellte und zum Wohnhaus umbaute. Heiniger war nach Auskunft eines ehemaligen Nachbarn Sattlermeister und war auch zu Hause immer mit einem Lendenschurz bekleidet, wie er für Sattler typisch war. Er wohnte mit seiner Familie im ersten Stock der Baracke, das Erdgeschoß war dagegen vermietet. Die Wohnhaus-Militärbaracke aus Holz ächzte und knarrte nach Darstellung des ehemaligen Nachbarn stark.

Ein weiterer Siedler namens Martin Sacherl errichtete ein "selbst gezimmertes Häuschen", um seiner Familie ein Zuhause zu bieten. Das nächste fertiggestellte Haus wurde von dem Zimmermann Michael Hartl gebaut. Wieder das nächste Haus war das von Anton Zimmermann (s. folgende Seiten). Auch Bernhard Ludwig wurde mit seinem Hausbau rasch fertig (s.u.).

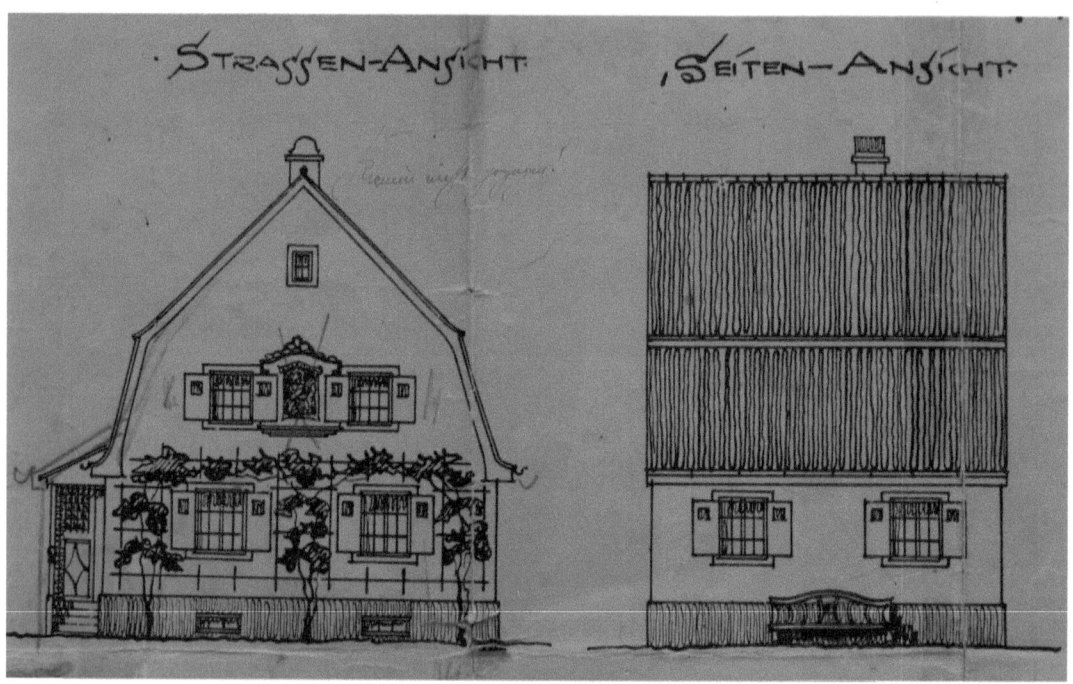

Ansichten aus dem Plan für das Haus von Michael Hartl aus dem Jahr 1922, links die Straßenansicht, rechts die Seitenansicht

Zimmerer Hartl und der Hausbau in der Nebelhornstraße

Der Zimmerer Michael Hartl aus Reichersberg kaufte in den frühen 20er Jahren ein Grundstück an der Nebelhornstraße. Im Jahr 1923 baute er ein schönes, bis heute erhaltenes Haus mit Mansarddach. Bei der Finanzierung unterstützte der nach Amerika ausgewanderte Vater den Sohn mit Geldsendungen. Da die Zahlung der Bauarbeiten in die Zeit der extremen Geldentwertung (Hyperinflation) von 1923 fiel, musste Hartl ein Darlehen aufnehmen, obwohl er sehr viel Eigenleistung erbrachte.

Hartls Tochter heiratete einen Sohn des Schlossermeisters Karl Amerseder aus der Grüntenstraße 8. Karl Amerseder war lange Zeit Vorsitzender des Siedlervereins. Bis heute ist der Name in der Nebelhorn- und der Grüntenstraße vertreten.

Arbeiten in Eigenregie

So manche Siedler hatten bereits 1922 mit Bauarbeiten in Eigenregie begonnen und Keller ausgehoben sowie Fundamente und Kellermauern errichtet. 1923 ruhten die Arbeiten. Ludwig: "1924 - nach Beendigung der Inflation - waren noch 6 Kellerbauten ohne Aufbauten. In rascher Folge wurden diese Häuser gebaut und viele Siedler folgten dem Beispiel in den nächsten Jahren."

Das Zimmermann-Haus

Eines der ersten Häuser wurde schon 1923 vom Vorsitzenden der Baugenossenschaft, Anton Zimmermann und seiner Familie, in Eigenleistung an der Grüntenstraße errichtet. Der Umzug fand 1924 statt.

"Mein Heim ist meine Welt
Erbaut durch Eigenarbeit 1923
A.Z."

Auf der Fassade des Hauses war ein Tonrelief befestigt, das Menschen bei der Arbeit, Mauersteine und eine Leiter zeigt. Unter dieser Darstellung war der oben wiedergegebene Spruch zu lesen. Die Initialen A.Z. stehen für Anton Zimmermann.

Nach 2010 wurde das Grundstück verkauft und das Haus abgebrochen. Vor dem Abriss wurde das Haus noch von einem Nachfahren des Erbauers mit seiner Familie bewohnt. Die Bemalung mit gelber Farbe stammt von diesem Nachfahren, davor war das Haus schlicht und einfach geweißelt. Die Deckenhöhe im Inneren war nach Auskunft von Nachbarn vor allem im Keller sehr niedrig. Das Haus war nach über 80 Jahren renovierungs- und sanierungsbedürftig. Der wunderbar eingewachsene Garten wurde im Zuge von Abriss- und Neubaumaßnahmen zerstört.

Das Zimmermann-Haus: links Ansicht vom Pfrontener Platz, rechts Gartenseite

Das Haus von Bernhard Ludwig

Nach dem Haus von Zimmermann wurde das kleine, jedoch gut aufgeteilte Haus von Bernhard Ludwig fertiggestellt. Ludwig arbeitete als Finanzberater und Prokurist, wahrscheinlich bei der Firma Konen. Nach Darstellung aus der Familie half er während der Nazizeit jüdischen Mitbürgern, ihr Vermögen zu erhalten. Über die Entstehung seines Domizils schreibt er: "Ich hatte die baukundige Mithilfe von Verwandten; auch in Eigenarbeit, durch die ganze Familie unterstützt, stellten wir den Rohbau innerhalb einer Woche hin, nachdem wir vorher den Keller fertig gemacht hatten."

Das Haus der Familie Ludwig, in den frühen 20er Jahren erbaut

Ludwigs Tochter war die Opernsängerin Hermine Ludwig. Sie war in den 50er Jahren am Münchner Nationaltheater engagiert, das damals ins Prinzregententheater ausgelagert war. Einige Zeit sang sie in Augsburg am Stadttheater. Auch als Lied- und Oratoriensängerin war sie aktiv. Später, als ihre Mutter schwer erkrankte, beendete sie ihre Karriere, um helfen zu können. Bis 2016 wohnte Hermine Ludwig, nach der Heirat Frau Eisele, in ihrem Elternhaus. Mehrere Nachbarn äußerten sich außerordentlich positiv über ihre Bildung, ihren Witz und ihre Leidenschaft für den Garten.

Wohn- und Geschäftshaus in der Nebelhornstraße

Im Jahr 1922 kaufte das Ehepaar Katharina und Josef Hautmann ein Grundstück von 793 Quadratmetern. Hautmann war aus Bodenwöhr nach München gekommen. Zunächst Fahrradmechaniker absolvierte er eine Ausbildung zum Schlosser und stieg bei der Reichsbahn bis zum "Oberlokführer" auf. Er rühmte sich, "den Orient-Express" gefahren zu sein, war jedoch vor allem auf der Strecke Ingolstadt - München unterwegs. Hautmann war auch Gründungsmitglied der Gewerkschaft der Lokomotivführer GDL und konnte vor 200 Mitgliedern in einer Versammlungsgaststätte frei und überzeugend sprechen.

Den Kaufvertrag schlossen die Hautmanns 1922 mit der Baugenossenschaft Ludwigsvorstadt ab. Auf Seiten der Genossenschaft unterzeichneten der 1. und der 2. Vorsitzende, Zimmermann und Lautenschlager. Der Quadratmeter kostete damals sieben Mark, so dass sich die Kaufsumme auf 5.515 Mark belief. Im ersten Schritt bauten die Hautmanns eine kleine Hütte, die zunächst als behelfsmäßiger Wohnraum, dann als Werkstatt und Bauhütte sowie später als Aufbewahrungsort für Gartengeräte genutzt wurde. Solche kleinen Gebäude in der Größenordnung einer Kleingartenhütte wurden sehr häufig in der Siedlung errichtet und blieben für kurze oder lange Zeit einzige Gebäude auf den als "Heimgärten" (Grundstückseigentum) genutzten Liegenschaften.

Die Hautmanns bauten jedoch in ihren Heimgarten 1926 bis 1927 ein Haus mit Walmdach. Ein "Gesuch zur Bewilligung eines Wohnungsbaudarlehens" wurde im August 1926 zunächst abgelehnt, jedoch dann akzeptiert. Im Text wurden die "Gesamtgestehungskosten" mit 28.800 Reichsmark beziffert. Es ist davon auszugehen, dass das inflationsbedingt bereits abbezahlte Grundeigentum wesentlicher Bestandteil der genannten Summe war. Als Eigenmittel mussten die Antragsteller 25 Prozent der Gesamtgestehungskosten nachweisen. Mit 11.000 Mark wurde die Eigenmittel-Summe angegeben. Als Darlehen wurden 12.000 Mark bewilligt, davon jedoch 1.000 Mark einbehalten. Die Angabe von Baukosten in Höhe von 28.000 Mark entspricht der Summe, die eine größere Doppelhaushälfte andernorts in der Siedlung gekostet hat. Die außerordentlich gut dokumentierten Unterlagen zu dem Haus der Familie Hautmann zeigen einzigartig, welche Kosten damals zu schultern waren.

Versorgungsleitungen

Schon 1926 wurde eine "Gaseinrichtung" mit Gasleitung gebaut. Offenbar kam das Versorgungsunternehmen für die Gasleitung auf. Dass bereits so früh Gas als Energiequelle in der Siedlung genutzt werden konnte, ist sehr ungewöhn-

Haus der Familie Hautmann in der Nebelhornstraße

lich, denn zuvor war das Areal eine Schäferwiese. Der Gasversorger musste daher eine längere Leitung bauen, um in der Nebelhornstraße ein Haus versorgen zu können. Das rentierte sich nur, wenn genügend Absatz durch mehrere Häuser und zahlende Bewohner garantiert war. Der Schluss, dass die Genossenschaft Ludwigsvorstadt für die 1926 bis 1927 in der Nebelhornstraße gebauten Reihenhauszeilen ebenfalls Gasanschlüsse bestellte, ist naheliegend, aber nicht bewiesen.

Im Jahr 1926 wurde bereits ein "Entwässerungsplan zum Kleinheim-Neubau für Herrn Josef Hautmann an der Nebelhornstraße 14" angefertigt. 1927 wurde laut Bescheid ein "Wassermesser" montiert und eingestellt sowie die "Wasserbezugsgebühr" festgelegt. Auch mit Strom wurde das Haus bereits ab 1926 beliefert, wie aus einem bis heute erhaltenen Schreiben eines Versorgers hervorgeht. Im Dezember 1926 schickte ein Versorgungsunternehmen eine Rechnung zur "Zähleraufstellung".

Geschäfte und die staatliche Bürokratie

Die beiden Geschäfte im Erdgeschoß des Hauses trugen ganz entscheidend dazu bei, das Wohnungsbaudarlehen und eventuell bestehende weitere Verbindlichkeiten abzuzahlen. Im Jahr 1934 wurde die "Friedensmiete" eines Ladens auf 240 Reichsmark taxiert. Die Friedensmiete war eine Art fiktive Miete oder ein Vermietungsäquivalent, das für die Zeit vor dem Ersten Weltkrieg festgelegt wurde. Es erscheint wahrscheinlich, dass die Friedensmiete vom Finanzamt zur Besteuerung festgelegt wurde (ähnlich den Einheitswerten für Häuser, die bis 2020 aus den 30er-Jahren stammten). Die reale Miete muss nicht mit dem Betrag der Friedensmiete übereingestimmt haben (wie ja auch die Grundstückspreise später die Einheitswerte aus den 30er Jahren enorm überstiegen).

Neben der Metzgerei eines Mieters betrieb Frau Hautmann in dem zweiten Laden ein Kolonialwarengeschäft. Ihre Ware bezog sie von der Einkaufsgemeinschaft Deutscher Einzelhandelskaufleute Aktiengesellschaft, kurz EDEKA, einer genossenschaftlich organisierten Gemeinschaft. Ab 1931 bot der Laden neben Lebensmitteln und Tabakwaren auch Drogerieartikel an. Deren Verkauf war in einem umfangreichen Merkblatt geregelt. Der Laden hatte bereits einen Eisschrank, insbesondere zur Kühlung von Getränken. Mit der Bierlieferung per Pferdefuhrwerk wurden nahezu jede Woche die damals benötigten Eisstangen kostenfrei von der Augustiner Brauerei geliefert.

Nach einem Dokument aus dem Jahr 1939 gab die Schwester von Frau Hautmann, die bis dahin den Laden offiziell betrieben hatte, das Geschäft auf. Die geplante Fortführung des Lebensmittelgeschäfts durch Frau Hautmann wurde jedoch von der öffentlichen Hand in Frage gestellt. Herr Hautmann wurde in einem Schreiben aufgefordert, den Laden zu veräußern. Die öffentliche Hand ging davon aus, dass er nun der eigentliche Betreiber des Ladens sei und unterstellte eine unselbständige Tätigkeit der Ehefrau. Das an Hautmann geschickte Schreiben unterstellte zwischen den Zeilen, dass er als Ladenbetreiber mit den beruflichen Pflichten als Mitarbeiter der staatlichen Reichsbahn in Konflikt gerate. Ob das Ehepaar tatsächlich ein Problem zu lösen hatte oder die Aufforderung einfach ad acta legen konnte, ist nicht bekannt. Sicher ist nur, dass der Laden unter der Regie der Hautmanns bis in deren Rentenalter weiterbetrieben wurde.

Häuser mit Geschäften

Mehrere kleine Läden gab es in der Siedlung Ludwigsvorstadt nach 1945, jedoch mit hoher Wahrscheinlichkeit bereits seit Mitte oder Ende der 20er Jahre. Die Läden ermöglichten es den Familien, zusätzlich zu einem Lohn aus unselbständiger Erwerbsarbeit ein sicher nicht allzugroßes, aber doch wichtiges Zusatzeinkommen zu erwirtschaften. In der Säulingstraße befanden sich zwei "Tante-Emma-Läden". In einem Haus an der Säulingstraße 2 a wurde Obst und Gemüse verkauft. In der Grüntenstraße bot ein Konsum-Geschäft Obst und Gemüse, aber auch viele andere Alltagsgegenstände wie etwa Zwirn an.

Gaststätte Gartenheim

Bereits 1924 entstand in der Säulingstraße (in einem großen Eckgrundstück zum Pfrontener Platz) die Gaststätte "Gartenheim" mit Kastanienbäumen und Biergarten. Das Anwesen gehörte später einer Münchner Brauerei (das Schicksal dieser Gastwirtschaft nach der Jahrtausendwende wird unten (Seiten 64 - 66) noch behandelt). In einem Laden unmittelbar hinter dem Gasthaus wurde Fleisch und Wurst verkauft. Eine weitere Metzgerei entstand 1936/37 in der Säulingstraße (vgl. Kapitel "Die 30er Jahre").

Milchladen mit Millimadl in der Grüntenstraße

Ein Milchladen befand sich im 1925 errichteten Haus von Georg und Maria Wild an der Grüntenstraße 26. Georg Wild war "Ökonomensohn" aus Iltismühle bei Weiden und arbeitete in München als Eisenbahner. Maria Wild war beim Hotel "Roter Hahn" als Beschließerin tätig und leitete die "Zimmermädchen" an, die Hotelzimmer ordentlich zu reinigen und für die Gäste vorzubereiten. Der Milchladen im Erdgeschoß war erreichbar über eine kleine Außentreppe mit Vordach, die nicht mehr existiert. Der Laden sorgte für zusätzliche Einnahmen, die zur

Tilgung des Darlehens für das Haus eingesetzt werden konnten. In der Zeit nach dem Zweiten Weltkrieg fanden auch ausgebombte Familien, die notdürftig in benachbarten Kleingärten wohnten, benötigte Lebensmittel in dem Geschäft. Neben Milch konnte man Brot und Käse kaufen. Unter dem Dach teilten sich zwei junge Frauen einen Schlafraum. Ihre Aufgabe war es, im weiteren Umkreis Milch, Käse und Brot auszuliefern und das Geld für die Ware abzurechnen und einzutreiben. Die jungen Frauen wurden als "Millimadl" bezeichnet. Wahrscheinlich arbeiteten sie für Kost und Logis sowie einen kleinen Lohn. In Zeiten hoher Arbeitslosigkeit war eine solche Beschäftigung besser als nichts.
Gusti Amort, eine Siedlerin aus der benachbarten Fachnersiedlung (Anfänge in den frühen 20er Jahren, überwiegend von 1935 bis 1939 gebaut), erinnert sich in ihrer mit Schreibmaschine geschriebenen Darstellung der Fachnersiedlung wie folgt an den Milchladen: "Milch bekamen wir anfangs vom Zanker Gütel gebracht. Später wurden wir durch ein Milchgeschäft in der Ludwigsvorstadt, nahe der heutigen Garmischer Strasse, gelegen, beliefert. Brot, Semmeln, Milch, Butter, alles brachte ein Milchmädchen bei Wind und Wetter, natürlich ohne Aufschlag. Hatte man 1/4 Butter vergessen, wurde dies ohne Murren nachgeliefert. Die Butter wurde damals meist nur in Viertelpfundpackungen gekauft, weil man ja nicht die Kühlmöglichkeiten hatte, wie heute. Wenn es hochkam, besass man im Keller einen Eisschrank, aber die dazugehörigen Eisstangen hatte man selten."(Quelle: Buch Hans Kraayvanger, Margit und Günter Weilbach, Franz Lutz, "Fachnersiedlung", o.O., 2009)

Uhrmacher

In der Nebelhornstraße arbeitete lange Zeit ein Uhrmacher in einem kleinen ebenerdigen Flachdachbau auf einem Grundstück, das an den Pfrontener Platz angrenzt. Auch Schmuck konnte man in dem kleinen Laden erwerben. Später entstand auf dem Grundstück ein ansehnliches Walmdach-Haus, das bis heute erhalten ist.

Milchgeschäft in der Säulingstraße

Das Haus Säulingstraße 12 gehörte dem Werkzeugmacher Max Bayer und seiner Frau. Bayer war vor dem Zweiten Weltkrieg ein gut beschäftigter Facharbeiter. Nach dem Zweiten Weltkrieg war er, der zuvor gut verdient hatte, arbeitslos. Die Familie baute aus diesem Grund in der Säulingstraße einen Anbau, in dem Frau Bayer ein Milchgeschäft unterhielt (Der Anbau befand sich auf der linken Seite des Hauses). Später übergab sie den Laden an eine Mieterin. Eine Anekdote aus der ersten Zeit der Siedler Bayer dreht sich um einen "Hennenzähler". Leute

Wohnhaus und Schlosserei der Familie Kreitmayr, im Keller eine Wäscherei

mit der Aufgabe, das Federvieh zu zählen, wurden wohl von der Stadt beauftragt, den Bestand der Tiere zu kontrollieren. Da die Familie Bayer zu viele Hennen hatte, wurden die überzähligen Tiere vor dem angekündigten Besuch des Hennenzählers im Speicher des Hauses untergebracht. Doch als der Hennenzähler kam, flogen die Tiere aus einem offenen Fenster heraus...

Das Anwesen Säulingstraße 12 - Aufnahme aus der Zeit vor dem Zweiten Weltkrieg mit den Reihenhäusern an der Nebelhornstraße im Hintergrund. Der Milchladen befand sich nach 1945 bis zum Abriss des Hauses in einem Anbau links

Schlossereien

Zu den ersten in der Siedlung gebauten Häusern zählt das Anwesen der Familie Kreitmayr (Foto links). Das Haus und das Nebengebäude mit der Schlosserei existieren noch immer, die Schlosserei ist verpachtet. Auch früher war die Werkstatt schon einmal verpachtet, wie das noch immer vorhandene malerische

Schild von "Valentin Wechselberger" zeigt. Auch die Ehefrau des Schlossers Kreitmayr leistete einen Beitrag zum Familieneinkommen. Sie betrieb im Keller des Wohnhauses eine Wäscherei.

Mit dem Namen Amerseder ist eine Schlosserei in der Grüntenstraße verbunden. Auch hier ist die Werkstatt im Rückgebäude erhalten. Diese Werkstatt war lange Zeit verpachtet an den Schlosser Franz Betz. Zu den weniger erfreulichen Geschichten aus der Siedlung war die Klage in den 1990er Jahren eines ehemaligen Anwohners vor Gericht gegen die nach seiner Ansicht unrechtmäßige Existenz eines angeblich lärmenden Gewerbebetriebs in einer Wohnsiedlung. Vor Gericht argumentierten die Beklagten mit den schon von Anfang der Siedlung an hier ansässigen Handwerksbetrieben. Doch das Gericht sah die Klage des Anwohners als berechtigt an. Betz musste seine Werkstatt an einen anderen Ort verlagern, die Werkstatt wird seither nur noch als Lager und Garage genutzt.

Eine weitere Schlosserei befand sich in einem Anwesen an der Kreuzeck- und Säulingstraße in einem Holzhaus. Hier ist weder Wohnhaus noch Schlosserei erhalten. In einem Neubauprojekt wurden etwa 2020 zwei Doppelhäuser und ein kleines Einfamilienhaus auf dem Grundstück errichtet, das bisher lediglich mit einem Wohnhaus, einer Schlosserei und einem großen Garten gestaltet war. Mit Schlosserarbeiten waren auch andere Bewohner der Siedlung vertraut. Die Eisenbahner hinterließen auf ihren Grundstücken jede Menge an schweren Schraubenschlüsseln, wie sie für Arbeiten an Lokomotiven und Waggons verwendet wurden.

Das "Handwerkerhaus"

Der "Eisenbahner" Peter Handwerker (1877 - 1960) kam 1901 aus Niederbayern nach München und erwarb 1922 ein Grundstück in der Grüntenstraße. 1925 heiratete er Katharina Blümel aus dem Kreis Dachau. Während Handwerker das Grundstück noch aus Erspartem bezahlen konnte, musste er aufgrund der Hyperinflation 1923 ein Darlehen für den Hausbau aufnehmen. Der Garten wurde für Obst- und Gemüseanbau sowie zur Kleintierhaltung (Hühner, Kaninchen, Gänse) genutzt.

Behelfsmäßige Nebengebäude, darunter auch ein bei der Bahn ausrangierter Waggon ohne Räder mit 5,60 Metern Länge, dienten der Unterbringung von "Eisenbahnerkühen" (Goaßen, heute eher als Ziegen bekannt) und Hasen. Bei einem Wettbewerb, in dem Zuchthasen für Schönheit prämiert wurden, erzielte der Eisenbahner Handwerker mit einem Tier den ersten Preis. Eine Prinzessin von Bayern wollte den preisgekrönten Hasen kaufen, aber der stolze Haus- und Tiereigentümer verkaufte ihn nicht an die Dame aus dem Hause Wittelsbach.

Welche Erfahrungen der Sohn - ebenfalls Peter Handwerker - 1938 nach der Reichspogromnacht im Alter von 10 Jahren und am Ende des Zweiten Weltkrieg 17jähriger ges als Flakhelfer machte, ist später in diesem Buch dargelegt.

Grundstück eines Gärtners

Neben dem Garten der Familie Handwerker befand sich ein Grundstück, das der Eigentümer - Wilhelm Kamm - als Kleingarten nutzte. Kamm, der im Westend in einer Wohnung lebte, zählte zu den ersten Grundstückskäufern der 20er Jahre. Später veräußerte er seinen Grund an die daneben wohnende Familie Handwerker, konnte jedoch weiterhin "seinen" Garten nutzen (auf freundschaftlicher Basis, ohne Nießbrauchrecht). Die aus Gewohnheit außerordentlich sparsamen Handwerker-Eheleute zahlten den Kredit für den Grundstückskauf über lange Zeit ab, Herr Kamm nahm gerne im Krieg und in der Nachkriegszeit eine Gans oder eine Ente als Ratenzahlung entgegen. Mit dieser Selbstversorgung war beiden freundschaftlich verbundenen Gartennutzern gedient. Auf dem Grund, der ursprünglich Herrn Kamm gehört hatte, baute später der Maschinenbau-Ingenieur Peter Handwerker (3. Generation der Familie in der Grüntenstraße) ein Einfamilienhaus.

Unternehmer und Erfinder Georg Meindl

Im Jahr 1928 gründete ein Werkzeugmachermeister, Tüftler und Erfinder ein Unternehmen für Präzisionswerkzeug- und Kleinmaschinenbau und zog in die Siedlung Ludwigsvorstadt: Georg Meindl. In der Grüntenstraße 7 befand sich nicht nur das Wohnhaus der Meindls. Hinter dem Haus wurde eine Werkstatt gebaut, die im Erdgeschoss eine größere Fläche in Anspruch nahm (und nimmt). Für die Beleuchtung des ersten Werkstattgebäudes reichten seitlich angeordnete Fenster nicht aus, Lichtkuppeln, wie sie bei größeren Fertigungsstätten üblich waren, wurden hier in das Dach eingebaut.
Das Wohnhaus, das im Erdgeschoß als Büro der Firma genutzt wurde, und die dahinter liegende Werkstatt bestehen bis heute. Die Hauseingangstüre ist mit einem schmiedeeisernen Fenstergitter geschmückt, in dem die Initialen GM eingearbeitet sind - GM steht hier für Georg Meindl und nicht eine amerikanische Automarke. Eine Zeitzeugin berichtete, die Ehefrau Meindls habe sich nicht nur im Haushalt und in der Kindererziehung engagiert, sondern auch in der Werkstatt Arbeiten übernommen.
Meindl entwickelte ein sehr spezielles und modernes Verfahren sowie Gerät für Unternehmen der Metallindustrie, die mit Werkzeugfräsmaschinen arbeiten. Ein mit Patentschutz versehenes Zusatzgerät für Fräsmaschinen bot eine neue,

günstige technische Lösung für das "Universal-Lochschleifen". Ein Prospekt der Firma ohne Jahresangabe, der - nach der Gestaltung zu schließen - in den 50er Jahren gedruckt wurde, beschreibt die Vorteile des Geräts so: "Sie haben nun die Möglichkeit, Löcher, Langlöcher, Bogenformen usw. nach dem Härten der Teile in Abständen u. Durchmesser genau maßhaltig zu schleifen. Dieser Arbeitsvorgang war bisher nur auf teuren Speziallochschleifmaschinen möglich."

Prospekt der Firma Meindl zum Thema Lochschleifen und Ausdrehen am ruhenden Werkstück, vermutlich aus den 50er Jahren

Bebildert ist der Prospekt mit schweren Metallteilen, die größere und kleinere exakte Bohrungen aufweisen.

Das Angebot aus Meindls Unternehmen in der Münchner Grüntenstraße war weltweit attraktiv für metallverarbeitende Betriebe. Verbilligtes Universal-Lochschleifen versprach den Einstieg in ein teueres Verfahren, neue technische Möglichkeiten und zusätzliche Aufträge sowie im Endeffekt höhere Gewinne. Das kleine start-up - wie man heute sagen würde - wuchs rasch dank internationaler Bestellungen. Während des Zweiten Weltkriegs wurde Meindl - so informierte er selbst damals Nachbarn - vom Wehrdienst freigestellt, da sein Betrieb als kriegswichtig eingestuft wurde. In den 50er und 60er Jahren konnte das Unternehmen noch in einem zusätzlich errichteten, deutlich größeren Gebäude auf dem Grundstück in der Grüntenstraße weiterarbeiten. Versuche, ein Nachbargrundstück zu erwerben, scheiterten jedoch. Auch Angebote über den damals üblichen Preisen führten zu keinem Erfolg. In den 60er Jahren platzte der Standort aus allen Nähten. Anfang der 70er Jahre zog die Firma nach Gräfelfing, später nach Landsberg am Lech. Hier existiert bis heute die um weitere Arbeitsgebiete vergrößerte Firma Meindl-Köhle Umform- und Systemtechnik.

Das stattliche Haus Grüntenstraße 1, erbaut in den 20er Jahren, ist in besonderem Maße erhaltenswert, da am Eingang zu der Siedlung gelegen

Zweifamilienhaus und einfaches Nebenhaus

Ein sehr ungewöhnliches Hausprojekt wurde in der Grüntenstraße 20 ohne große Finanzmittel konsequent umgesetzt. Der wegen einer Herzerkrankung frühberentete Bierfahrer Franz Sattler und seine Ehefrau kauften in den 20er Jahren in der Grüntenstraße ein Grundstück von 1.000 Quadratmetern. Ein Beweggrund für die Orientierung an einem Garten und ländlicher Umgebung war es, dem kranken Mann bessere Luft als in der Stadt mit einer permanenten Rauch-, Abgas- und Dunstglocke zu bieten. Nach dem Grundstückskauf lebten die Sattlers zunächst in einer kleinen Hütte auf dem Grundstück.

Um angesichts der bescheidenen Frührente die Finanzen aufzubessern, holte Frau Sattler mit viel Arbeit, Fleiß und Geschick alles aus dem Garten heraus, was verkauft werden konnte. Jeden Tag zog die Frau mit einem Leiterwagen übriggebliebene Lebensmittel aus dem Westend über Feldwege in die Grüntenstraße, um hier Tiere zu mästen. In einem kleinen Stall warteten Schweine auf ihre tägliche Ration. Der Verkauf der Tiere war nicht die einzige Einnahmequelle. Auch Blumen und Beeren, Obst und Gemüse aus dem Heimgarten brachten Geld. Frau Sattler war nach Darstellung ihrer Nachfahren außerordentlich geschickt, Naturalien in Kapital für den Hausbau zu verwandeln. Nach einigen Jahren der mühseligen, aber konsequenten Kapitalbildung genehmigte die Stadt München im Oktober 1927 einen Plan für den Bau eines Zweifamilienhauses: "Kleinhausneubau für Herrn Franz Sattler, Grüntenstr. 20 in der Siedlungsanlage der Baugenossenschaft Ludwigsvorstadt". Das Zweifamilienhaus, das bis heute erhalten ist, hat laut Plan eine Grundfläche von 8,70 x 7,80 Metern. Die Wohnfläche pro Geschoß beträgt 46 Quadratmeter für Küche, zwei Zimmer, Toilette und eine sehr kleine Kammer, die später auf beiden Stockwerken zum Bad umgebaut wurde. Eingezeichnet ist auf dem Lageplan mit einem schraffierten Rechteck auch das kleine Nebengebäude - die erste einfache Behausung der Sattlers.

Im Parterre des Haupthauses wohnten - nach der Zeit im Nebengebäude - die Hauseigentümer, im ersten Stock eine weitere Partei aus der Großfamilie. Und unter dem Dach - hier waren jedenfalls nach dem Zweiten Weltkrieg zwei kleine Kammern mit wärmedämmenden Heraklitplatten vom Rest des Dachgeschosses abgetrennt - wohnte nach dem Zweiten Weltkrieg sehr beengt eine Sattler-Tochter mit ihrem Ehemann - bis zur Auswanderung nach Kanada im Jahr 1953. Das kleine Nebengebäude, das die Sattlers zuerst bewohnt hatten, wurde bis etwa 1970 von einem Verwandten und seiner Frau genutzt und dann abgebrochen.

Ein in Eigenleistung gebautes Haus in der Säulingstraße

In der Säulingstraße kaufte der Zimmerer Wilhelm Beham Ende der 20er oder zu Beginn der 30er Jahre ein Grundstück von 550 Quadratmetern. Hier errichtete er ein sehr kleines Haus mit drei Zimmern. Beham verdiente als Handwerker nur wenig Geld.

Das Haus wird er ebenso wie Anton Zimmermann zu wesentlichen Anteilen selbst mit Verwandten, Nachbarn und Freunden errichtet haben. Die Toilette befand sich bis zum Abriss Mitte der 60er Jahre im Garten.

Das Häuschen des Zimmermanns Wilhelm Beham in der Säulingstraße

Als Zimmerer konnte Beham den Dachstuhl errichten, Fußböden verlegen, die Fassade mit Holzbrettern verkleiden und mit dieser Eigenleistung in hohem Maße Geld sparen.

Behams Frau konnte aus Hasenfellen Pelzhandschuhe nähen und damit zum Familieneinkommen beitragen. Diese handwerkliche Fähigkeit sollte sich als sehr wichtig erweisen. Denn der Zimmerer verletzte sich, als er über einen Glasballon fiel, in dem er Wein angesetzt hatte, so schwer, dass er seinen Beruf aufgeben musste. Auch später, als er 1944 in Russland als Soldat gefallen war, bewährte sich die Herstellung der Handschuhe als Einkommensquelle der Witwe, die um ihre Rente kämpfen musste. Das Schicksal ihres vermissten Mannes ließ sich nicht aufklären.

Der spätere Vorsitzende des Siedlervereins, Wilhelm Beham (junior), wohnte als Kind und Jugendlicher in dem kleinen Haus in der Säulingstraße. Auch nach der Heirat lebte der Diplom-Ingenieur für Versorgungstechnik mit seiner Ehefrau in einem von zwei angebauten Zimmern des Hauses. Als sich Nachwuchs ankündigte, bestand die junge Frau Beham energisch auf einem Umzug in eine Stadtwohnung. Die Behams zogen dann 1966 von der angemieteten Stadtwohnung zurück in das gerade fertig gestellte neue große und komfortable Wohnhaus in der Säulingstraße und ließen auf Anordnung der Stadt das erste wildromantische, wahrscheinlich ohne Genehmigung erbaute Wohnhaus aus den 20er Jahren abreißen.

Haus eines Löwenbräu-Mitarbeiters

Zu den Siedlern in der Grüntenstraße zählten Josef Nesner, ein Beschäftigter von Löwenbräu, und seine Frau, die sich auf das Schneidern verstand und damit etwas Geld dazuverdienen konnte. Die Nesners bauten an der Grüntenstraße eine Doppelhaushälfte. Wie von der Stadt München gefordert, ließen sie einen Entwässerungsplan anfertigen, der viel über die damalige Entsorgungstechnik aussagt.

Abortgrube, Versitzgrube und Kläranlage

Auf dem Grundriss des Kellergeschoßes (siehe nächste Seite) ist zu erkennen, dass der Entwässerungsplan eine rechteckige "Abortgrube" (für den Inhalt der Toilette im Erdgeschoß) vorsieht und eine "Versitzgrube" für das Regenwasser sowie Abwässer aus Wasserstellen und der Waschküche. Die Innenmaße der Abortgrube sind mit 1,20 x 1,40 x 1,70 Metern angegeben.
Auf den beiden Zeichnungen ist auch erkennbar, dass das Spülwasser der Toilette in die Versitzgrube geleitet werden sollte. Auf welche Weise eine Trennung von Wasser, Urin und festerer Materie erfolgen sollte, kann man auf dem Plan nicht genau erkennen. Die Leitung zum Wasserabfluss ist auf dem Plan unterbrochen. Eine Erklärung könnte sein, dass das Wasser im Abfluss von der Toilette über eine nicht erkennbare Kläranlage in die Versitzgrube umgeleitet werden sollte. Doch offenbar gab es keine Kläranlage.
Ein mit Bleistift vehement durchgestrichener Text in der Baugenehmigung zu einer "Kläranlage" (die im Plan nicht erkennbar ist) bietet keinerlei Information zu der geplanten Klärung. Er zeigt jedoch, dass sich die Genehmigungsbehörde der Problematik von Abwässern aus Abortgruben sehr wohl bewusst war. Die Bleistiftstriche lassen vermuten, dass gar keine Kläranlage gebaut und keine Verbindung zwischen Abort- und Versitzgrube geschaffen wurde, und somit das vermutete Problem nicht entstand.

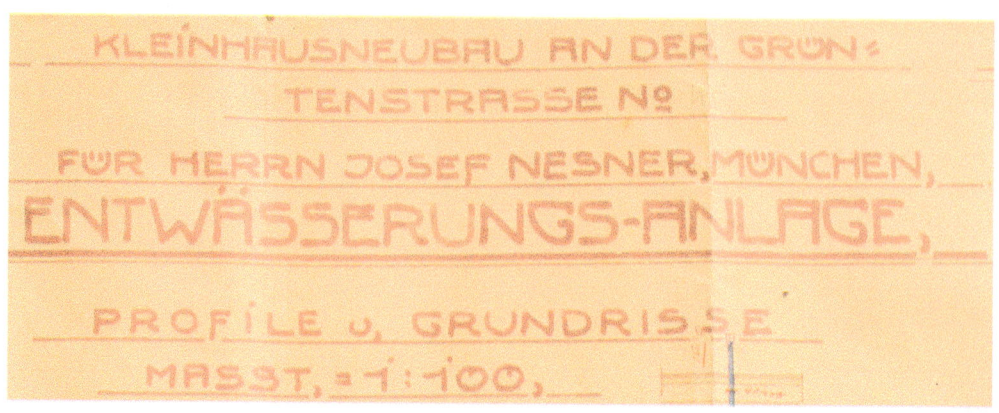

Abortgrube und Versitzgrube im Entwässerungsplan

Auf dem Bild links unten ist die Abortgrube im Aufriss des Kellers grafisch dargestellt, hierher sollten offenkundig die Inhalte der Toilette im Erdgeschoß abgeleitet werden. Eine Kläranlage ist nicht zu sehen, wohl aber eine Leitung, die zur Versitzgrube führen sollte (vgl. Grundriss des Kellergeschoßes rechts). Die Versitzgrube war für die Aufnahme von Brauchwasser aus der Waschküche und den Waschbecken im Haus dargestellt. Die im Text beschriebene Kläranlage war vorgesehen, wurde aber offenkundig nicht gebaut.

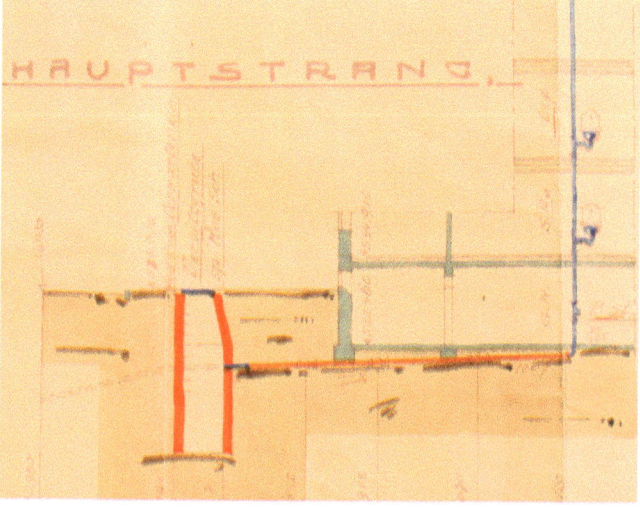

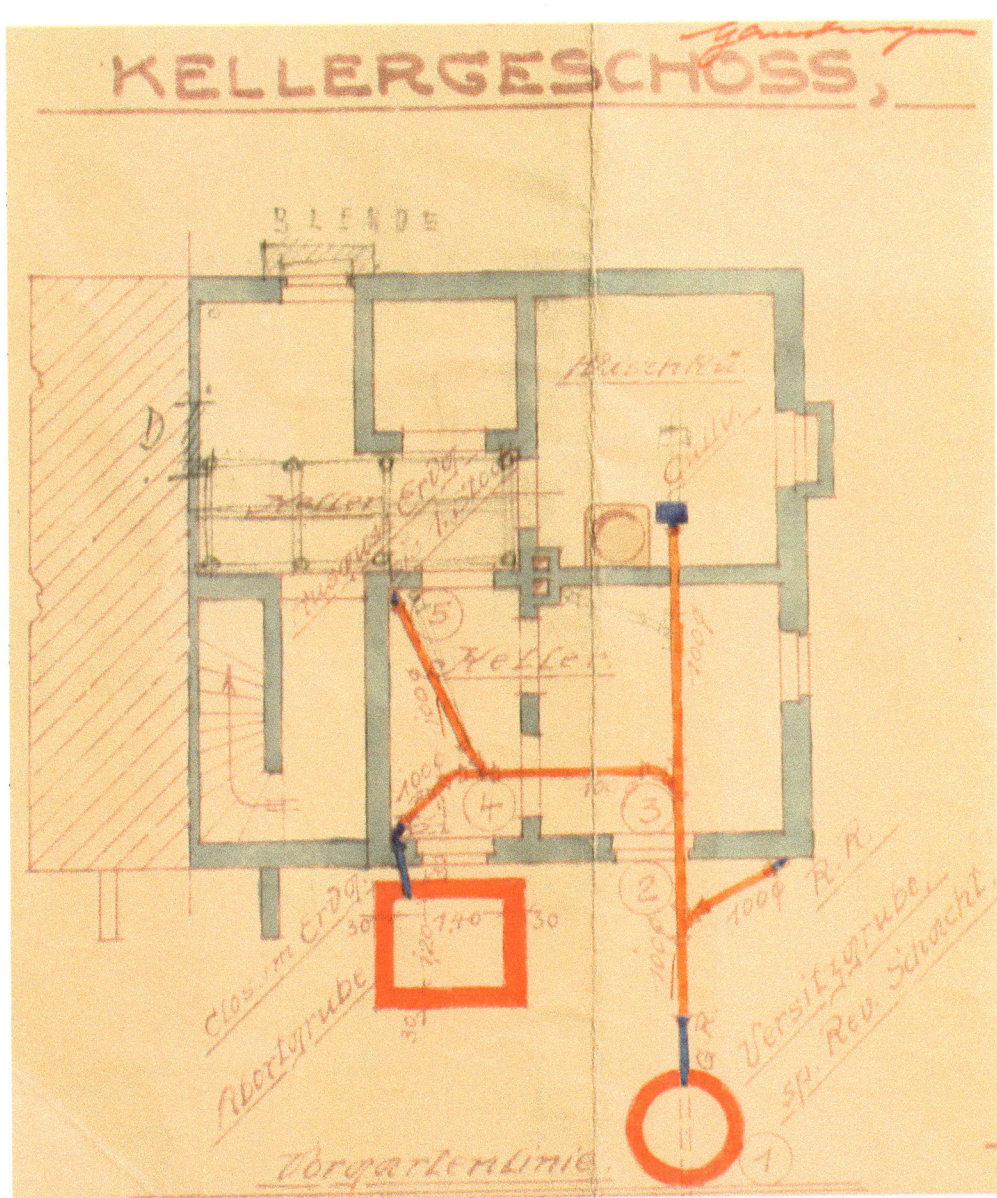

Die hier abgebildete Verbindung zwischen Abort- und Versitzgrube gab es offenkundig nicht. Dass seifenhaltige Abwässer aus der Waschküche und den Waschbecken im Haus in die Versitzgrube eingeleitet werden sollten und damit ins Grundwasser gelangen konnten, wurde vom Planfertiger und der öffentlichen Hand offenbar nicht als Problem angesehen. Regenwasser wurde ebenfalls in die Versitzgrube geleitet.

Das Haus eines Musikers

Zu den bis heute gut erhaltenen und kürzlich auch durch den Einbau neuer Holz-Sprossenfenster und Fensterläden - ähnlich dem ursprünglichen Bauzustand - sanierte Zweifamilienhaus an der Grüntenstraße wurde um 1926 von der Stadt genehmigt. Ursprünglich teilten sich zwei Parteien namens Schneider und Stahl das Anwesen. Doch später schieden die Schneiders als Eigentümer aus und versteigerten ihren Anteil. Stahl bot mit und bekam den Zuschlag, so dass er alleiniger Eigentümer wurde.

Stahl war nach Auskunft der heutigen Eigentümer des Hauses Orchestermusiker (Violinist) und später auch Konzertveranstalter. Um die täglichen Übungen und Einstudierungen auf der Violine ausführen zu können, war es von großem Vorteil, das ganze Haus für sich zu haben, und nicht Mitbewohner zu stören.

Die Fotos links (Seite 44) stammen aus dem Frühjahr 1956. Wann das Foto mit einer rein weißen Fassade (oben) entstanden ist, war nicht mehr zu ermitteln. Die genehmigten Pläne - das ist sicher - stammen hingegen aus der Zeit um 1925.

Auf der Rückseite des Plans für das Haus sind mehrere Stempel mit schwacher roter Tinte zu erkennen. Nur durch Entzifferung mehrerer Stempel ist der volle Wortlaut zusammenzusetzen: "Joseph Müller, Baugeschäft, Nebelhornstraße 32". Auf dem Plan mit Grundrissen, Aufriss und Fassadendarstellungen ist Peter Ziegelmann als "Planfertiger" angegeben. Das könnte ein Architekt, ein Baumeister oder ein Mitarbeiter der Firma Joseph Müller gewesen sein. Welche Rolle das Baugeschäft Joseph Müller über den Bau dieses Hauses hinaus in der Siedlung gespielt hat, ließ sich nicht mehr aufklären. Links Aufnahmen des Hauses aus den 50er-Jahren.

Reihenhauszeilen in der Nebelhornstraße

Die Reihenhauszeilen in der Nebelhornstraße wurden in der Zeit von 1926 bis 1927 von der Baugenossenschaft Ludwigsvorstadt laut Plänen als Einfamilienhäuser vorgesehen. Doch wie viele Wohnungen in München wurden auch die Reihenhäuser an zwei Parteien vermietet, das heißt, dass zwei Familien ohne Trennung der Räumlichkeiten durch Wohnungseingangstüren jeweils im Erdgeschoß und im ersten Stock lebten.

Eine Zeitzeugin, deren Vater Eisenbahner war und 1934 als Genossenschaftsmitglied und Mieter mit seiner Frau in das Erdgeschoß des rechts oben gezeigten Reiheneckhauses am Pfrontener Platz einzog, berichtete, pro Etage habe das Haus eine Wohnküche, ein Schlafzimmer und eine Kammer umfasst, im ersten Stock sei ein Bad gewesen, im Erdgeschoß jedoch nur eine Toilette. Die Zeitzeugin erinnert sich, dass ihre Familie das Bad im ersten Stock nicht nutzen konnte. Für eine Familie mit einem Kind war die Wohnsituation einigermaßen erträglich. Es habe aber auch eine Familie mit mehreren Kinder gegeben, die

äußerst beengt auf wenig Wohnraum gelebt habe. In das Haus an der Ecke Pfrontener Platz/Nebelhornstraße zog etwa 1951 die Familie Brunner im Obergeschoß ein. Später konnten die Brunners - der Vater war auch im Vorstand des Siedlervereins aktiv - von der Genossenschaft das gesamte Reiheneckhaus kaufen. Die Genossenschaft wollte die Häuser abstoßen, nach und nach wurden die Reihenhäuser an Mieter oder andere private Käufer weitergegeben, zuletzt noch um 2010. Heute werden alle Reihenhäuser ausschließlich von einer Partei bewohnt, die ursprünglich als Speicher genutzten Dächer sind jetzt überwiegend ausgebaut.

Die Wohnungsgenossenschaft München-West, in der 1941 die Bau-Genossenschaft Ludwigsvorstandt aufging, schildert die Vermietung in den Reihenhäusern in ihrer Publikation "100 Jahre Wohnungsgenossenschaft München-West eG" (erschienen 2009) so: "Doch wirtschaftlich war die Vermietung ein Fiasko, wie der Geschäftsbericht von 1930 deutlich zeigt. Mieteinnahmen von 35.000 Reichsmark standen Ausgaben für Hypothekenzinsen und Betriebskosten von 31.000 Reichsmark gegenüber." Fiasko? Nein, Gewinn war ja nicht beabsichtigt.

Die 30er Jahre

Hausbau nach Weltwirtschaftskrise

Bedingt durch die Weltwirtschaftskrise und Arbeitslosigkeit, die auch die Siedler stark betraf, ging von 1929 bis 1933 der Bau von Häusern stark zurück. Doch dann konnte auch in der Siedlung Ludwigsvorstadt wieder gebaut werden. Der Schneidermeister, Laternwärter und Sozialdemokrat Anton Kienzl, der be-

Wohnhaus der Familie Kienzl und Meiler in der Grüntenstraße, es wurde 1960 zum Doppelhaus erweitert. Das Haus ist durch die Erweiterung und andere Baumaßnahmen stark verändert.

reits 1920 als einer der ersten Siedler etwas mehr als 1.000 Quadratmeter Grund erworben hatte (s. Seite 15 ff) baute 1934 ein Zweifamilienhaus an der Grüntenstraße.

Zimmermanns Weigerung, den Vorstand zu verlassen: Konzentrationslager Dachau

Als die Nazis 1933 an die Macht kamen, versuchten sie, Anton Zimmermann als Vorsitzenden abzulösen, doch er weigerte sich, seine Position aufzugeben. Aufgrund dieses Verhaltens holten die Nazis den Vorsitzenden ab. Er wurde nach Dachau ins Konzentrationslager gebracht. Nach Auskunft des Sohnes, der im Zimmermann-Haus noch in hohem Alter in der Grüntenstraße lebte, kam sein Vater nach einem halben Jahr wieder frei. Das Unterfangen, einen Insassen aus dem KZ zu holen, war meist erfolglos. Es könnte aber sein, dass der Arbeitgeber, die Reichsbahn, den außerordentlich fähigen Mitarbeiter wieder zurückholte. Eventuell machten sich auch die Mitglieder der Genossenschaft bei den neuen Bossen dafür stark, dass Zimmermann wieder entlassen wurde.

NS-"Einweihung" des Stuibenplatzes 1934

In dem von der Landeshauptstadt München herausgegebenen und 2021 gedruckten "KulturGeschichtsPfad Sendling-Westpark" ist (auf den Seiten 22 f) die Entstehung des ursprünglich Stuibenplatz genannten Pfrontener Platzes beschrieben. Nachdem der Platz den Siedlern zunächst als Kiesgrube gedient hatte, wurde er 1933/34 im Sinne der NS-Ideologie "gestaltet". Sogenannte "Gemeindepflichtarbeiter", dienstverpflichtete arbeitslose Fürsorgeempfänger, planierten den Platz, pflanzten Bäume, darunter zwei Linden, die Hindenburg und Hitler gewidmet wurden, und bauten einen Spielplatz, auch Sitzbänke wurden aufgestellt. Am 14. Oktober 1934 wurde dann der Platz "feierlich eingeweiht" - in Anwesenheit von Nazi-Funktionsträgern wie dem Münchner OB Karl Fiehler. Der Platz und die Straßen in der Genossenschaftssiedlung waren mit Hakenkreuzfahnen auf hohen Masten dekoriert. Auf Seite 23 der genannten Publikation ist die Einweihungsfeier auf einem Foto dargestellt. Eine Menschenmenge bildete einen Kreis, in dem wohl wenige Personen schauspielerten.

NS-Fanatiker und ihre Gegner

In der Siedlung, die ja in der intensiven Zusammenarbeit der Siedler entstanden war, kam es zu einer Polarisierung zwischen Anhängern der neuen Machthaber und Bewohnern, die aus der Genossenschaftsbewegung und Sozialdemokratie oder konservativen und kirchlichen Kreisen gekommen waren. Die Einstellungen reichten von Skepsis über Vorsicht bis hin zu entschiedener Ablehnung gegenüber der Diktatur, zumal der Vorsitzende der Baugenossenschaft, Anton

Zimmermann, der so viel Positives für die Siedlung geleistet hatte, ohne ersichtlichen Grund in das KZ Dachau verschleppt worden war. Eine Methode, die Bewunderinnen und Anhänger Hitlers zu ärgern, bestand darin, bekannte Nazis bei ihrem Namen anzusprechen und etwa so zu grüßen: "Grüß Gott, Frau Sowieso." Damit missachtete man indirekt die neue offizielle Grußformel "Heil Hitler" und tat einfach so, als gäbe es den Hitler-Gruß nicht. Die Gegenseite antwortete mit überheblichen Zurechtweisungen, etwa so: "Heil Hitler heißt's jetzt, Heil Hitler heißt's jetzt!" Ein Kind, das lediglich zum Spielen mit seinen Freunden ein Haus betrat, bekam mal diesen Rauswurf zugerufen: "Geh du nur raus aus unserem Hitlerhaus!" Daheim hörten die Kinder von Nazi-Gegnern schon mal drastische und gefährliche Worte: "Hitler, der Hund, der dreckerte..."

Wählen ohne Zuschauer - in der Wahlkabine, genannt Affenkasten

Zu den Leuten, die von den Nazis nichts wissen wollten, zählte der gewählte Vorsitzende der Baugenossenschaft Ludwigsvorstadt, Anton Zimmermann. Der Laternwärterobmann Kienzl ließ es sich nicht nehmen, klarzustellen, was er von Wahlbeeinflussung hält. Bei einer Wahl wurde ihm von den Nazifreunden im Wahlraum bedeutet, er könne ja gleich offen sichtbar abstimmen. Kienzl sagte daraufhin, es sei da ja ein "Affenkasten" - gemeint war eine Wahlkabine - aufgestellt, und da dies sicher nicht grundlos sei, gehe er da jetzt hinein. Diese Bemerkung führte nach dem Wahltag zu einer Vorladung, bei der sich der Anhänger einer freien und geheimen Wahl rechtfertigen musste.

Wortlose Aufklärung über Naziverbrechen

Der Siedler Peter Handwerker aus der Grüntenstraße war katholisch und gegen die Nazis und ihre Brutalität. Am Tag nach der Reichspogromnacht vom 9./10. November 1938 - von den Nazis beschönigend als "Reichskristallnacht" verherrlicht - ging er mit seinem zehnjährigen Sohn - ebenfalls Peter - in die Stadt und zeigte ihm wortlos die angerichteten Schäden an der Synagoge und den jüdischen Geschäftshäusern. Gerade diese Wortlosigkeit, die wohl durch eigene Fassungslosigkeit und Angst bedingt war, der Sohn könne irgendwo unbedacht die kritische Position des Vaters verraten, erzielte er bei dem Jungen eine außerordentlich nachhaltige Wirkung. Zeit seines Lebens berichtete der Sohn seinen Kindern über die wortlose Aufklärung seines Vaters in Sachen Nazi-Verbrechen. Gepaart mit Körpersprache und Mimik war die Wortlosigkeit wohl eine eindeutige Botschaft, für die damals die Worte fehlten: Verbrechen gegen die Menschlichkeit.

Metzgerei Seitz, erbaut 1936, in der Säulingstraße - das Haus ist bis heute erhalten, jedoch ohne Treppe zum Eingang in die Geschäftsräume, auf dem unteren Bild das Rückgebäude mit Räumen für die Fleischzerlegung

Wohnhaus und Metzgerei Seitz

1936 baute der Metzger Lorenz Seitz in der Säulingstraße 36/37 ein Wohnhaus mit Verkaufsräumen für seine Metzgerei. Im Rückgebäude entstanden Räume für die Fleischzerlegung. Seitz hatte bereits seit längerer Zeit in der Tulbeckstraße im Westend eine Metzgerei betrieben und gründete nun einen zusätzlichen Standort. Die Metzgerei blieb bis etwa 1957 bestehen, das Rückgebäude wurde noch bis Anfang der 60er Jahre für die Fleischzerlegung genutzt. Das Haus ist bis heute erhalten.

Die 40er Jahre: Weltkrieg in der Siedlung

Der am 1. September 1939 begonnene Zweite Weltkrieg kam schon in den ersten Kriegsmonaten sehr nahe, nicht nur durch Einberufungsbefehle an Ehemänner und Söhne, sondern auch durch den allerersten Bombenangriff. Während der darauffolgenden Jahre blieb die Siedlung von Bomben bedroht. Allein das Haus der Metzgerei Seitz in der Säulingstraße wurde von 13 Brandbomben getroffen. Eine Bombe landete durch das Dach im ersten Stock des Hauses, wo eine Familie lebte. Ein schwerer Treffer riss in das Reihenhaus Nebelhornstraße 15 ein gewaltiges Loch (s. Bild S. 55), die angrenzenden Häuser wurden ebenfalls stark in Mitleidenschaft gezogen. Im Garten des Hauses der Familie Hautmann in der Nebelhornstraße landeten mindestens 20 Brandbomben. Eine Bombe schlug im Dachgeschoss ein und konnte gerade noch mit Sand gelöscht werden, bevor Feuer ausbrach. Eine gewaltige 20-Zentnerbombe landete in nächster Nähe eines Privatbunkers, explodierte zum Glück der Siedler jedoch nicht.

Flakstellungen

Ein Bewohner der Siedlung hat sich Luftbilder aus dem Jahr 1942 von der Siedlung Ludwigsvorstadt beschafft. Diese Bilder sind außerordentlich aufschlussreich: Die Siedlung liegt relativ klein in einem riesigen unbebauten Gebiet. Am südlichen Rand des heutigen Pfrontener Platzes sind Flakstellungen zu sehen (Flak ist die Abkürzung von Flugabwehrkanone). Der Standort war etwa in dem Bereich des heutigen Aufgangs zur Fußgängerbrücke zum Westpark. Eine zweite Flakstellung lag im Gebiet von "Land in Sonne", etwa 300 Meter nördlich der Siedlung. Der Kommandant dieser Flakstellung mietete sich in der Grüntenstraße bei der Familie Unterbichler ein und bewohnte hier mit seiner Familie den ersten Stock. Wann die Flakstellungen errichtet wurden, ist nicht bekannt. Wahrscheinlich wurden sie nach den ersten Bombenangriffen aufgebaut.

Ziele der Bombenangriffe

Wahrscheinlich waren die Flakstellungen sowie eine Möbelfabrik an der Welserstraße, die im Krieg Munitionskisten produzierte, der Grund dafür, dass auch nach dem ersten Bombenangriff von 1939 weitere Luftangriffe auf das Gebiet der Siedlung Ludwigsvorstadt erfolgten.

Schwerer Bombentreffer; Reihenhaus Nebelhornstraße 15 und benachbarte Häuser

Solidarität hilft bei Bombenschäden

Bernhard Ludwig schreibt, es seien "ein paar dutzendmal Bombenangriffe" erfolgt. Die Siedler mussten "Brandbomben löschen, Trümmer beseitigen, Dächer eindecken". Ludwigs Schilderung der Zusammenarbeit in der Siedlung: "Was damals geleistet wurde, ging oft über Menschenkraft. Nachbarliche Hilfsbereitschaft war ganz groß geschrieben - dieser Einsatzbereitschaft der Siedler ist es auch zu verdanken, dass der Häuserschaden in unserer Siedlung verhältnismässig klein geblieben ist."

Das Baumaterial für Reparaturarbeiten nach Bombenschäden wurde von einer hierfür zuständigen NS-Organisation verwaltet. Personen, die nicht der Partei beigetreten waren, erhielten keine Zuteilungen. Solidarität bewährte sich in der Not. Peter Handwerker aus der Grüntenstraße erhielt vom Bauunternehmer Hauser aus der Kreuzeckstraße das benötigte Baumaterial.

Bunker in den Grundstücken

In etlichen Grundstücken der Siedlung wurden im Garten Bunker angelegt (wann genau ist nicht bekannt). Hier suchten die Bewohner immer wieder bei Bombenalarm Zuflucht. Mindestens ein Bunker war noch im Jahr 2022 unter einem Gebüsch versteckt. Ein Bunker wurde im Zuge von Abrissmaßnahmen in der Säulingstraße entfernt, ein kleines Gartenhaus enthielt nicht nur Gartengeräte sondern auch den Eingang zum Bunker, in den die Schutzsuchenden mit einer Leiter absteigen mussten. Ein anderer Bunker musste nicht abgerissen werden, die Decke stürzte schon in den 70er Jahren von selbst mit einem dumpfen Geräusch auf den Boden des Schutzraums, so dass im Garten auf einmal ein Loch von etwa 4 x 5 Metern zu sehen war.

Fusion von Genossenschaften

Im Jahr 1941 wurde die Baugenossenschaft Ludwigsvorstadt mit anderen kleineren Baugenossenschaften ("Familienheim" und "Rupertiheim") mit der Wohnungsgenossenschaft München-West zusammengeführt, die heute noch existiert. Die Nazis wollten alles beherrschen, Organisationen wie eine Baugenossenschaft, deren Wurzeln in der genossenschaftlichen und sozialistischen Bewegung lagen, waren ihnen suspekt; da konnte sich ja Widerstand organisieren oder zumindest halten. Für die Bewohner der Siedlung Ludwigsvorstadt hatte diese Fusion kaum eine Bedeutung.

Der Blockwart und das Radioprogramm der BBC

Die Siedlung hatte einen Blockwart, der in einem Reihenhaus der Nebelhornstraße wohnte. Eines Tages hörte der eingefleischte Nazi aus einem Haus den Anfang von Beethovens fünfter Symphonie. Mit der einprägsamen Passage "TatataTamm, TatataTamm" begann täglich das Deutsche Programm der British Broadcasting Corporation BBC, eines öffentlich-rechtlichen Rundfunksenders in Großbritannien. Es war eine der wenigen ausländischen Informationsquellen zum Kriegsverlauf, den Verbrechen der Nazis und den gegnerischen Aktivitäten der Alliierten, die in Deutschland zu empfangen waren. Im Dritten Reich war es streng verboten, ausländische Rundfunkanstalten zu hören. Der Blockwart zeigte sich empört und drohte seine Entdeckung nach oben zu melden. Die Folgen wären drastisch gewesen. Eine Inhaftierung in einem KZ drohte deutschen Staatsbürgern bei Verbotsübertretungen und Denunziationen. Mit etwas Überredungskunst gelang es, den Blockwart davon abzuhalten, seine Beobachtung nach oben weiterzuleiten.

Jugendlicher Flakhelfer aus der Siedlung

Der jugendliche Peter Handwerker (2. Generation der Handwerker-Familie) war nicht bei der Hitlerjugend HJ, obwohl die Nazi-Jugendorganisation mit Sport und Schießübungen für Jugendliche attraktive Angebote unterbreitete. Vermutlich haben die Eltern dem Jungen nicht erlaubt, in der Nazi-Jugendorganisa-

Mutter und zwei Kinder am Pfrontener Platz: wahrscheinlich eine Aufnahme aus der Zeit des Zweiten Weltkriegs oder kurz danach

tion mitzuschießen. Etwa im Jahr 1944 musste der dann 17-jährige Peter daher in einem "Wehrertüchtigungslager" seine Tauglichkeit für militärische Arbeitseinsätze unter Beweis stellen. Bei Kriegsende war er als Flakhelfer in Krailling und in Höllriegelskreuth beschäftigt. Seine Erfahrung: Wer in Mathe gut war, durfte das Zielen und Schießen auf Flugzeuge ausführen, wer mathematisch nichts drauf hatte, musste Munition schleppen und 88-Millimeter-Geschosse in die Kanonen stecken.

Vom Stuiben-Platz zum Pfrontener Platz

Der ursprünglich nach einem Berg im Allgäu benannte Stuiben-Platz wurde nach dem zweiten Weltkrieg Gegenstand vielfältiger Verwechslung. Damals wurde ein Platz am Hirschgarten nach dem preußischen Offizier und späteren US-amerikanischen General Friedrich Wilhelm von Steuben (1730 - 1795) benannt. Die Folge: Post für den Stuiben-Platz landete beim Steuben-Platz und umgekehrt. Die Schäffler wurden mal am Stuibenpaltz erwartet, tanzten aber am Steubenplatz zur Freude der dortigen Passanten. Die Lösung des Problems: der Stuiben-Platz wurde in Pfrontener Platz umbenannt.

Ein Häuschen aus der Nachkriegszeit

Auf dem Grundstück Grüntenstraße 21 befand sich bis 1939 keine größere Bebauung, es gehörte Josef und Philomena Neukam. Wann und wozu das Ehepaar den Grund von der Genossenschaft Ludwigsvorstadt eG erworben hat, ist nicht bekannt. Wahrscheinlich wollten der Fabrikarbeiter Neukam und seine Frau ein Haus bauen. Die Vermutung liegt nahe, dass sich diese Absicht aus finanziellen Gründen nicht umsetzen ließ.

Nach einem Kaufvertrag des Notars Justizrat Kistenfeger, Notariat München III, Weinstraße 11/I vom 13. April 1939 verkauften die im Vertrag als "Fabrikarbeiterseheleute" bezeichneten Neukams das Grundstück mit 720 Quadratmetern an die "Kohlenhändlerseheleute" Josef und Anna Baumgartner, die damals nicht weit entfernt - in der Ganghoferstraße 27 auf der Theresienhöhe - wohnten, zum Kaufpreis von 3000 Reichsmark.

Aus einem Dokument „Einheitswertbescheid und Grundsteuermeßbescheid" des Finanzamts München-Süd, Bewertungsstelle, geht hervor, dass die Baumgartners in den Jahren 1947 bis 1948 einen Ziegelbau mit 64 Quadratmetern bebauter Fläche errichteten. Aus der Beschreibung des „Hauptgebäudes" – des rechts abgebildeten Häuschens - ist zu entnehmen, dass das Gebäude Kellerwände und eine Kellerdecke aus Beton hatte, dass die Außen- und Innenwände aus Ziegelsteinen gemauert waren, dass die Decke des Erdgeschoßes aus Holzbalken bestand und das Holzdach mit Dachziegeln eingedeckt war. Die Fenster waren Doppelfenster mit „besseren Beschlägen", die Fensterbänke sogar aus „Naturstein (Marmor u.dgl.)". Wohnräume und Küche waren mit „Hobeldielen" ausgelegt, nur um die Spüle gab es „Terrazzo"-Boden. Unter dem Stichpunkt „Sanitärinstallation" ist „1 Bad mit freistehender Wanne od. Dusche, WC" vermerkt. Gewärmt wurde das Häuschen mit einer „Ofenheizung", später auch mit Nachtspeicheröfen, die beim Abriss wegen Asbestbelastung zu aufwändigen

Der Zugang zu dem Haus befand sich auf der rechten Seite, hier war auch ein Mopedraum angeordnet.

Entsorgungsmaßnahmen führten. Gekocht wurde jedoch schon auf einem Elektroherd. Wie auf einem Aquarell des Anwesens erkennbar ist, war das Haus bereits frühzeitig übers Dach (Mast mit Porzelanisolatoren) elektrifiziert, später dann über eine Erdleitung.

Gekostet hat der Hausbau nach dem genannten Bescheid 13000 Reichsmark, das war ein absoluter Schnäppchen-Preis. Bei der Währungsreform im Jahr 1948 wurde die durch Hitlers Kriegsfinanzierung per Notenpresse in die Inflation getriebene Reichsmark-Währung im Verhältnis von 100 zu 6,5 in Deutsche Mark umgetauscht. Das Haus kostete daher - umgerechnet - nur 2000 Deutsche Mark (bis 2002 Währung der Bundesrepublik Deutschland). Für Grundstück und Haus zahlten die Baumgartners nach Umrechnung nur 2461,54 Deutsche Mark. Später musste Baumgartner jedoch noch einen Anteil an den Straßenbaukosten in Höhe von 2242 DM entrichten, so eine „Verpflichtungserklärung" die der inzwischen berentete Kohlenhändler am 01.12. 1966 unterzeichnete. Anlass für die Neubewertung des Einheitswerts durch das Finanzamt im Jahr 1960 war

die Existenz eines „Mopedraums von 10,5 Quadratmetern, der in die ursprüngliche Bewertung nicht eingegangen war, also später errichtet wurde. Der Einheitswert, aus dem ab 1960 die Grundsteuer berechnet wurde: 7600 DM.
Der Eingang zu dem Haus befand sich seitlich zwischen dem Mopedraum und dem Haus und führte unmittelbar in eine kleine Küche. Von diesem Raum aus gelangte man in das Wohnzimmer (Fenster rechts). Durch eine weitere Tür konnte man vom Wohnzimmer eine Schlafkammer (Fenster links) betreten. Neben der Küche befand sich das Bad mit Toilette. Der mit einem Fenster ausgestattete Dachraum konnte aufgrund mangelnder Höhe bestenfalls als Nachtlager genutzt werden (wie das bei bäuerlichen Katen ähnlicher Größe im 18. und 19. Jahrhundert für die zahlreichen Kinder von Familien nicht unüblich war). Auf der linken Seite befand sich zudem noch ein nur von außen zugängliches kleines Gästezimmer.
Links neben dem Häuschen fanden die Nachfahren der letzten Bewohnerin in einem kleinen Stall Tröge, wie sie früher zur Fütterung von Schweinen im Einsatz waren. Ob die Aufzucht von Schweinen ebenso wie auf dem schräg gegenüberliegenden Grundstück (Grüntenstraße 20) in den 20er Jahren oder später praktiziert wurde, konnte nicht mehr ermittelt werden.
Nach dem Tod der Baumgartners zogen Verwandte in das Haus Grüntenstraße 21 ein, das Ehepaar Platzer. Die leidenschaftliche Gärtnerin Walburga Platzer hatte schon frühzeitig den Kleingarten hinter dem Baumgartner-Häuschen gemietet und ihre Gartenhütte mit dem Schild „Villa Walburga" veredelt, das den Wunsch nach einer etwas gehobeneren Wohnform dokumentiert. Dieser Wunsch konnte in dem kleinen Landhaus der Grüntenstraße 21 später erfüllt werden, Villa heißt ja in der ursprünglichen lateinischen Bedeutung nichts anderes als "Landhaus". Nach Darstellung ihres Neffen lebte Frau Platzer nach dem Tod ihres Ehegatten in einem „Botanischen Garten" mit Nutz- und Zierpflanzen sowie Gartenzwergen. Sie baute Lebensmittel an und konnte damit teure Einkäufe weitgehend vermeiden. Frau Platzer verzichtete auf Radio und Fernsehen und besserte ihre Rente durch das Austragen der Süddeutschen Zeitung auf. Sie starb in den späten 80er Jahren. Das Grundstück blieb in der Familie, das Häuschen wurde jedoch 1995 abgerissen und durch ein neues Wohnhaus ersetzt.

Häuser ohne Genehmigung, aber mit Duldung

Wie aus einem offiziellen Lageplan der Stadt München aus dem Jahre 1968 hervorgeht, ist in dem Grundstück Grüntenstraße 21 kein Gebäude eingezeichnet. Das lässt den Schluss zu, dass das Haus der Baumgartners und Platzers nicht von der Stadt München genehmigt wurde. Etliche kleine Wohnhäuser in der Siedlung Ludwigsvorstadt wurden ohne Baugenehmigung der Stadt gebaut, ähnlich wie dies über lange Zeit in Deutschland gehandhabt worden war.

1950 bis 1999

Baupolizeiliche Fahndungen

Trotz großer Wohnungsnot in der Nachkriegszeit fahndeten die baupolizeilichen Ermittler der Stadt München mit großem Eifer nach illegal ausgebauten Dachgeschossen. In der Grüntenstraße musste eine Familie die für die damalige Zeit astronomische Strafe von rund 3000 Mark bezahlen, weil sie es gewagt hatte, das Dach ihres Hauses in Wohnraum umzuwandeln. Der Dachausbau in der Grüntenstraße 20 mit zwei kleinen Zimmern blieb jedoch den Fahndern verborgen.

Verkehr und Kanalisation

In den 50er Jahren arbeitete der Siedlerverein vor allem auf eine Verbesserung der Verkehrssituation hin. Die Buslinie 9 von München nach Planegg und zurück führte an der Siedlung vorbei und sorgte für eine gute Anbindung an die Stadt (s. Bernhard Ludwigs Schilderung).
Der Ausbau der Westendstraße - bis Ende der 50er Jahre eine Schotterstraße - und die Anlage eines großen Abwasserkanals ermöglichte auch die Kanalisation der Siedlung. In der Nebelhornstraße waren die Kanalisationsarbeiten im November 1960 noch nicht abgeschlossen, die anderen Straße folgten später. Die ursprünglichen Schotterstraßen der Siedlung wurden nach der Kanalisation erstmals geteert. So manche Siedler konnten sich bereits ein Auto leisten und bauten auch Garagen - entweder kleine barackenähnliche Behausungen oder offiziell genehmigte Garagen mit festem Mauerwerk und Eterniteindeckung, die Jahre später wegen des asbesthaltigen Materials höhere Entsorgungskosten verursachten.

Bautätigkeit

Chronist Ludwig betonte in seinem im November 1960 gehaltenen Vortrag, dass die in der Vor- und Nachkriegszeit nahezu zum Stillstand gekommene Bautätigkeit in den 50er Jahren wieder auflebte: "Seitdem aber wurden fast alle Baulücken geschlossen und es entstanden sehr schöne, stattliche Häuser."

Aufbau eines Sportvereins

In den 50er Jahren begannen einige junge Leute aus der Siedlung den FC Ludwigsvorstadt aufzubauen, der sich angrenzend an die Siedlung, jedoch jenseits des mittleren Rings befindet. Willi Beham und Herbert Nagl, ein Nachfahre aus der Metzgerei Seitz in der Säulingstraße, waren nicht nur selbst Spieler, sondern auch ideenreiche Initiatoren des Sportvereins. Um Geld für die Erstausstattung des Vereins - Bälle, Netze und dergleichen - zu beschaffen, schrieb Nagl an den damaligen Ministerpräsidenten Hanns Seidl einen Brief mit der Bitte um etwas Geld für die Erstausstattung des Verins. Seidl schickte hierfür nicht weniger als 150 Deutsche Mark - damals eine hohe Summe. Der stark im Fussballverein engagierte Herbert Nagl schied erst 2020 nach 60 Jahren aus dem Vorstand aus.

40-Jahr-Feier

1960 feierte der Siedlerverein auf einer Jubiläumsfeier 40-jahriges Bestehen. Aus den ersten 99 Siedlerfamilien lebten zum Zeitpunkt der Feier lediglich 12 Ehemänner und 19 Ehefrauen. Der Gemeinschaftsgeist war jedoch ungebrochen, wie Chronist Ludwig damals betonte: "Wie selten anderswo, kommt hier die ganze Siedlung unaufgefordert zusammen, um einem der Ihrigen die letzte Ehre zu erweisen. Möge der Brauch auch in der kommenden Generation weiterleben!" Die meisten Siedler der ersten Generation waren zu diesem Zeitpunkt bereits gestorben, entweder im Zweiten Weltkrieg oder altersbedingt früher oder später.

Wohnblocks im Süden der Siedlung verhindert

In den 70er Jahren engagierte sich der Siedlerverein Ludwigsvorstadt , um den geplanten Bau mehrstöckiger Wohnhäuser zu verhindern. Der acht Jahre währende Kampf gegen war erfolgreich, es entstanden anstelle der vierstückigen Mehrfamilienhäuser die Reihenhäuser an der Schochenberg- und Kienbergstraße. Manfred Meiler schrieb 1990 in einem Schreiben an die "Siedlerinnen und Siedler der Ludwigsvorstadt" mti einem Schreiben zur Bundestagswahl 1990: "Gebaut wurden schließlich zu unserer aller Glück Einfamilienhäuser."

Wall zur Autobahn Lindau als Lärmschutz

Als sich durch Beschlüsse der öffentlichen Hand abzeichnete, dass die Autobahn justament neben der Siedlung Ludwigsvorstadt gebaut und deren ruhige Lage beenden würde, wurde der Siedlerverein sofort aktiv. Wie Alfred Sattler vor vielen Jahren berichtete, sorgte der Siedlerverein über politische Kontakte, dass nicht nur der Westpark im Süden sondern auch die Siedlung mit relativ aufwändigen Erdbewegungen und der Schaffung von Lärmschutzwällen akustisch weitgehend von der Autobahn abgekoppelt wurden. Die Stadt ging auf die Bitte der Bewohner ein und so konnte die Siedlung weiterhin die Ruhe eines Dorfes in der Stadt genießen. Die Pflanzung von Bäumen und Büschen auf dem Wall sorgt für weiteren Lärmschutz.

Reihenhäuser der 60er und 70er Jahre

Die Reihenhauszeile entlang des Pfrontener Platzes, von der Grünten- bis zur Säulingstraße wurde etwa Mitte der 60er Jahre gebaut. An der Nebelhornstraße wurde zwischen Höfats- und Kreuzeckstraße die seit den 20er Jahren bestehenden Reihenhauszeilen um eine weitere, modernere und großzügigere Zeile erweitert. Die Baukosten von Reihenhäusern erhöhten sich von den 50er bis zu den 80er Jahren kontinuierlich, so dass es für die Bewohner auch hier ein Wagnis war, in ein eigenes Domizil zu investieren. Wie schon in den 20er Jahren halfen jedoch öffentliche Zuschüsse, die Inflation und gleichzeitige Lohn- und Gehaltssteigerungen bei der Abzahlung der Schulden. Das teuerste gebrauchte Reihenmittelhaus aus den 60er Jahren, das in dieser Siedlung verkauft wurde, brachte den Verkäufern in einer Niedrigzinsphase mit Zinsen vom etwa 0,5 bis 2 Prozent mehr als 1,4 Mio. Euro - ohne dass das Haus in besonderer Weise saniert gewesen wäre.

Sanierungen in Fremd- und Eigenleistung

Nach und nach begannen die Bewohner - die meisten Siedler der ersten Generation waren schon verstorben - ihre Häuser zu sanieren, Bäder einzubauen, Elektroleitungen zu erneuern und Terrassen anzulegen. Etliche Eigentümer besorgten sich nun Material in den Anfang der 70er Jahre aufgekommenen Baumärkten, um etwa weiße, graubraune, gelbe, orangebraune, grüne, violette, altrosane oder anderweitig gefärbte Fliesen zu kaufen und Bäder und Küchen zu erneuern. Manches große Grundstück, das in den 20er Jahren parzelliert worden war, wurde nun aufgeteilt und mit einem zweiten Haus bebaut.

Koniferen statt Obstbäumen und Gemüsebeeten

Nicht alle, aber doch einige Siedler empfanden sich nun als moderne Menschen, die nicht mehr als Kleinstbauern ihr Obst und Gemüse anbauen, Hühner halten oder Hasen in einem kleinen Schuppen züchten, sondern ihren Lebensmittelbedarf als Städter vollständig in umliegenden Geschäften einkaufen. Die Folge:

Obstbäume wurden abgesägt, Beerensträucher herausgerissen, Rasenflächen angelegt, Rasenmäher angeschafft und Koniferen und Hecken gepflanzt, darunter auch Thujahecken, die als "grüner Beton" die Einsicht in die Grundstücke nicht nur behindern, sondern sogar verhindern können. Blumenbeete blieben allerdings meist erhalten. Großer Beliebtheit erfreuten sich nun kleine gemauerte Teiche mit Goldfischen und Springbrunnen-Anlage. Auch Gartenzwerge besiedelten die Grundstücke.

Das Ladensterben

Nach und nach gingen wie überall in der Republik die kleinen Geschäfte kaputt. Größere Einzelhandelsgeschäfte, Supermärkte, Baumärkte und die ersten Discounter mit billiger, aber anfangs nicht besonders qualitätvoller Ware verdrängten nach und nach die Tante-Emma-Läden auch in der Siedlung. Die Einkünfte aus dem Betrieb solcher Läden waren in der zunehmend prosperierenden Stadt München nicht mehr erforderlich. Manche Hausfrau konnte Geld verdienen, etwa als Verkäuferin in größeren Läden oder Kaufhäusern der Innenstadt.

Tempo-30-Zone

Ende der 80er Jahre berichtete Heinrich Lutz, Schriftführer des Siedlervereins Ludwigsvorstadt, in einem Schreiben über einen Beschluss in der Hauptversammlung des Siedlervereins: "Unser Siedlungsgebiet wird Tempo-30-Zone." Vermutlich hatte zu diesem Zeitpunkt schon die Stadt München eine solche Verkehrsberuhigung veranlasst. Anders ist es nicht zu erklären, dass Lutz über die "bevorstehende Beschilderung" informiert. Lutz appellierte "an alle Anwohner, sich zu allererst an die Beschränkung zu halten, selbst dann, wenn wir morgens oder abends von einem Schleichwegbenutzer bedrängt werden." In einem anderen Schreiben an die Mitglieder des Siedlervereins schreibt Heinrich Lutz: " Es ist uns auch ein Anliegen, dass innerhalb unserer Siedlung ... ein gutes Auskommen miteinander besteht. Dazu ist erforderlich gegenseitige Respektierung und gegenseitige Rücksichtnahme. Das gilt vom Autoverkehr in der Siedlung bis zum Zusammenhalten in der Nachbarschaft."

Bauabsichten

Das Schreiben von Schriftführer Lutz enthält auch einen Passus zum Thema "Bauabsichten". Es dürfe "nicht außer acht gelassen werden, dass unsere Siedlung nicht durch eingefügte Mietshäuser zerstört werden darf." Diese Aussage beruhte jedoch nicht auf dem Baurecht, nach dem Bauherren bei Beachtung des Paragraph 34 ("Einfügegebot) bauen können, was sie wollen, sondern einer privaten Vorstellung, dass eben Mietshäuser in der Siedlung nicht zulässig seien. Der Siedlerverein versuchte in den 80er und 90er Jahren, auf das Baugeschehen Einfluss zu nehmen: Lutz forderte Informationen: "Wenn derartige Baupläne zur Unterschrift vorgelegt werden, bitten wir Sie, uns vor Ihrer Unterschzriftsleistung zu verständigen."

Doppel- und Mehrfamilienhäuser

In der Nebelhornstraße und der Planseestraße entstanden Doppelhäuser, deren Entstehungszeit auf die 50er bis 70er Jahre datiert werden kann. In der Säuling-, der Raueck- und der Höfatsstraße wurden Mehrfamilienhäuser - zum Teil bereits mit Tiefgaragen - gebaut. Die Möglichkeiten eines Vereins, auf die Stadt und Baugenehmigungen Einfluss zu nehmen, sind nur sehr bescheiden .

2000 bis 2022

Das Gartenheim, vermeintlich "100jähriges Haus"

Die ursprünglich 1924 als Gartenheim gegründete Gastwirtschaft an der Ecke Säulingstraße/Pfrontener Platz war langezeit eine beliebte Münchner Ausflugsgaststätte, vor allem im Sommer, wenn der Biergarten geöffnet war.
Irgendwann in der Zeit von 1972 bis 1992 warben "Evelin und Franz" mit einem Werbezettel (siehe gegenüberliegende Seite) für ihre Leistungen: "Die Gartenheim-Gaststätte bietet ihnen gute Grill-Spezialitäten." Sogar zu medizinisch hochwirksamen Getränken ermutigten die Wirtsleute mit ihren Reimen: "Probieren Sie deutsche und jugoslavische Weine - dann verlieren Sie ihre Nierensteine." Andere Annehmlichkeiten laut Werbezettel: Kegelbahn, Billard, Biergarten. Weitere Aussagen belegen, dass es auch Konfliktpotential zwischen Gaststätte und Anwohnern gab: "Der Frühschoppen am Samstag und Sonntag beginnt um 10. Von Dienstag bis Freitag um 11 Uhr bis ein Uhr in der Nacht - weil's die Polizei sohaben will, damit es nicht kracht."

Der letzte Pächter

Der letzte Pächter ließ sich nicht davon abbringen, das von Nachbarn als "Bruchbude" empfundene Gebäude von 1924 erneut als "Hundertjähriges Haus" zu adeln und in einem Prospekt mit selbstformulierten Gedichten zu einer großartigen Location zu stilisieren. Nachbarn erinnern sich nicht nur an eigene Besuche, sondern auch einen häufigen Gast, der hier nicht zu einem gepflegten Bier einkehren wollte, sondern seiner Arbeit als Gerichtsvollzieher nachgehen und Geld eintreiben wollte, jedoch sehr oft ohne Erledigung seines Auftrags abziehen musste, da der Pächter nicht auffindbar war.
Der Pächter hatte auch einen Ziegenbock und eine Ziege, die auf dem Grund angebunden waren und für Stadtkinder eine Attraktion darstellten. Da etliche Leute den Tieren ihre Essensreste ins Grundstück warfen, zog das Anwesen auch Ratten an.
Der Brauerei wurde die ganze Sache irgendwann zu bunt und ärgerlich und beschloss die Schließung der noch keine 80 Jahr alten Wirtschaft und den Verkauf des Grundes. Der Siedlerverein legte sich ins Zeug, um das Schlimmste - den Verlust der Kastanien und des Treffpunktes für Siedler - zu verhindern, eine Bürgerinitiative gründete sich, um die "beliebte Münchner Ausflugsgaststätte"

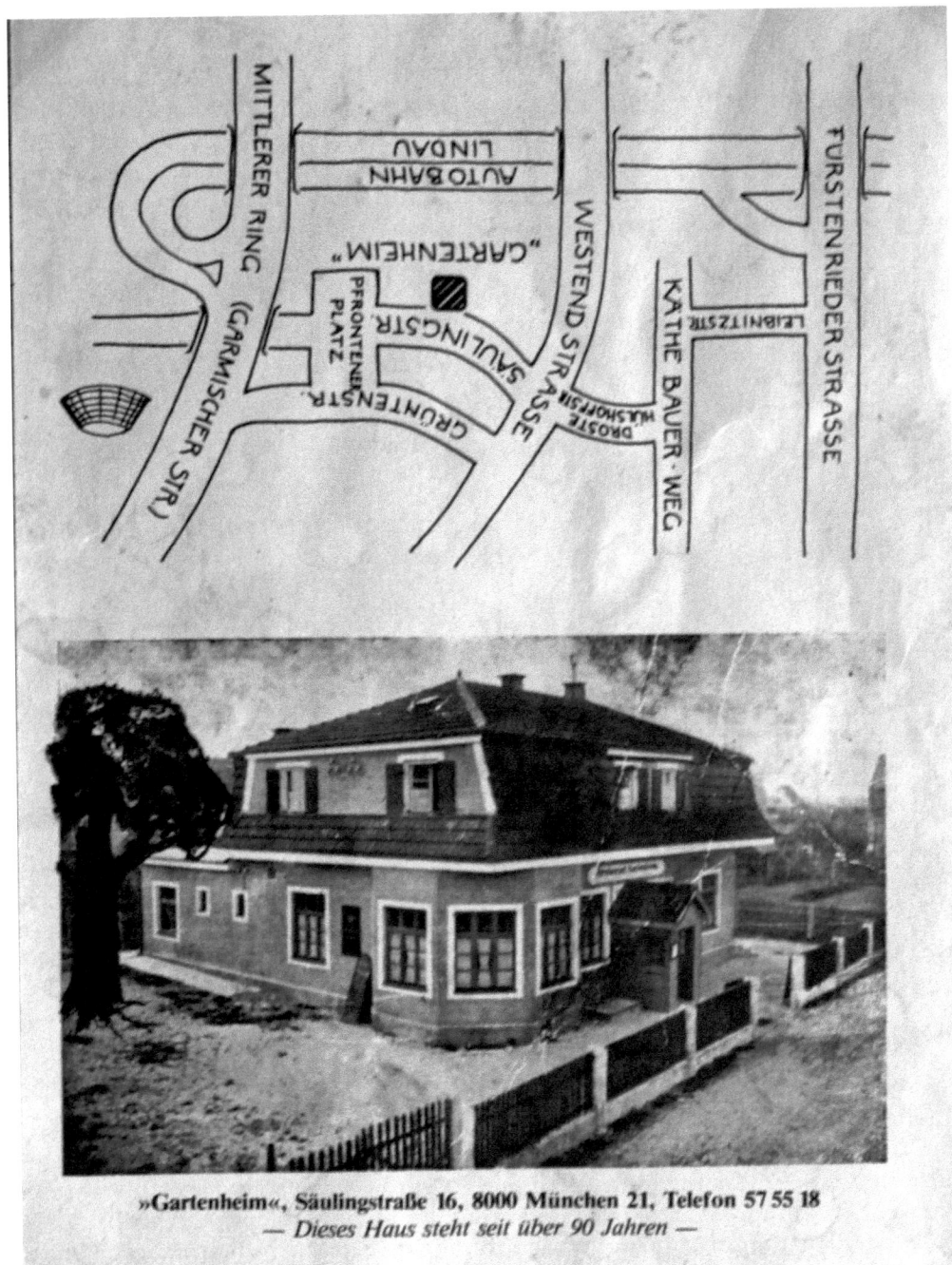

Der Werbezettel von Evelin und Franz für das Gartenheim,
auf der Rückseite gereimte Sprüche

zu erhalten, doch alle Aktionen, Argumente, Briefe und Zeitungsartikel über den drohenden Verlust von Biergarten und Gaststätte halfen nichts, etwa 2002 wurden die angeblich maroden, jedoch von den Protestierenden mit Verweis auf ein Gutachten kerngesunden Kastanien gefällt, etwas später das Haus abgebrochen. Bebaut wurde der große Grund mit zwei Dreispännern.

Pavillion im Biergarten des Gartenheims am Pfrontener Platz

In einem Brief an Manfred Meiler, den damaligen stellvertretenden Vorsitzenden des Siedlervereins, schilderte der Pächter, den alle nur als Kugi kannten, dass ihm die Kündigung (oder Nichtverlängerung des Pachtverhältnisses) die Existenzgrundlage nehme. Ein Neuanfang an einem anderen Ort sei ihm als Gastwirt nicht möglich, da er die hierfür nötigen Mittel nicht aufbringen könne. Einige Tage später erhielten die Siedler die Nachricht, dass Kugi von der Burg Grünwald in den Tod gesprungen war. An den beliebten Gastwirt erinnerte noch einige Jahre sein Grab im Waldfriedhof, das jedoch rasch wieder verschwand.

Wenige sanierte und neue Einfamilienhäuser zu erschwinglichen Preisen

Nur sehr wenige Familien konnten nach dem Jahr 2000 noch einen Grund mit einem alten Haus oder ein Grundstück zur Bebauung mit einem Einfamilienhaus zu halbwegs für Normalverdiener erschwinglichen Preisen erwerben. Die Familien, die es schafften, kümmerten sich intensiv über persönliche Kontakte um leerstehende Immobilien oder die Abgrenzung eines kleinen Baugrundes für ihr Projekt. Ärgerlicherweise musste eine junge Familie, die bereits mit der Eigentümerin eines Hauses in Kontakt stand und den Kauf bereits verabredet hatte, Maklergebühren in erheblicher Höhe zahlen, da die bereits im Altenheim lebende Frau darauf bestand. Immerhin konnten zahlreiche Kinder und Erben verstorbener Eigentümer Häuser der Siedlung übernehmen und erhalten. Einer Familie gelang es, einen Bauträger zu überreden, das bestehende Haus auf einem Grundstück nicht abzubrechen, sondern ihm das halbe Grundstück und das darauf stehende Haus zu verkaufen. Der Bauträger errichtete auf dem anderen Teil des Grundes sodann ein ebenso großes, angeglichenes Haus für zwei Parteien.

Exorbitante Preissteigerungen pro Quadratmeter

Für das weitere Schicksal der Siedlung sind rasche Bodenpreissteigerungen verantwortlich. Von 2000 bis 2010 blieben die Quadratmeterpreise relativ stabil - bei 800 bis 900 Euro. Wer ein altes, sanierungsbedürftiges, für viele Interessenten wertloses, jedoch für clevere Käufer erhaltenswertes Haus kostenfrei auf dem gekauften Grund übernehmen konnte, musste keine hohen Baukosten schultern. Eigenleistung - wie immer in der Gartenstadt Ludwigsvorstadt praktiziert - minderte die Sanierungskosten.
Ab 2013 stiegen auf einmal wie aus dem Nichts die Grundstückspreise stark. Die außerordentlich gute zentrale Lage am Westpark zog vermehrt Unternehmen an, die Grund zum Zweck der Verwertung aufkauften. Erste Verkäufer erhielten pro Quadratmeter Grund auf einmal 1.000 Euro und mehr. Zuletzt forderten Makler etwa um 2020 etwa 3.000 Euro pro Quadratmeter. Ob diese Angebotspreise von Bauträgern auch bezahlt wurden, ist nicht bekannt, aber wahrscheinlich. Inzwischen sind die Preise wieder gefallen, jedoch nur in wesentlich geringerem Maß als die Steigerungen zuvor. Neben der stark gestiegenen Nachfrage nach "Betongold" zählt die von der Stadt München vorgenommene Verdoppelung der zulässigen Geschoßflächenzahl zu den Ursachen für die enormen Preissteigerungen. In den 80er Jahren lag die Zahl bei 0,3, jetzt

liegt sie bei 0,6. Die Bauträger lassen alte Häuser abreißen, die Gärten weitgehend zerstören, tiefe Baugruben ausheben, Tiefgaragen nahezu auf der gesamten Fläche des Grundes betonieren und Mehrfamilienhäuser errichten. Sie veräußern die Wohnungen zu sehr hohen Preisen in Millionenhöhe an vermögende Kundschaft. Inzwischen sind im Verkauf deutlich mehr als eine Mio. Euro für eine 100-Quadratmeter-Wohnung mit Tiefgaragen-Stellplatz zu erzielen.

Fassungslos beobachten die Nachkommen der ersten Siedler, wie die in mühsamer Eigenarbeit entstandene Siedlung für Leute mit wenig Geld auf einmal zu einer Spielwiese für gewinnorientierte Bauträger und -unternehmer wird.

Abriss des Wohnhauses der Familie Wildmoser in der Säulingstraße

Die neue Preiswelt in der Siedlung für einfache Leute

Nach überschlägiger Berechnung kostete im Jahr 2020 der Grund für ein Sechs-Parteien-Haus rund zwei Mio. Euro, der Bau der Tiefgarage und eines Mehrfamilienhauses rund drei Mio. Euro. Für den Bauträger bleibt nur dann ein Gewinn von 10 bis 20 Prozent der Bausumme übrig, wenn er die Wohnungen und die Tiefgaragenstellplätze zu astronomisch hohen Preisen verkauft, die außer Leuten mit hohem Vermögen aus Erbschaft, Aktien, Unternehmensgewinnen oder anderen Quellen niemand bezahlen kann.

Abrisswelle: Siedlungshäuser aus den 20er Jahren

In der Siedlung Ludwigsvorstadt kam es schon seit den 90er Jahren langsam, aber sicher zu einem Auftreten hier eher weniger bekannter Firmen, die mit den alten Siedlern ihren Ideen und ihren Häusern überhaupt nichts gemein hatten und haben: Bauträger. Zunächst - in den 90er Jahren und auch nach der Jahrhundertwende - kamen einzelne Bauträger den Käufern noch entgegen. In der Nebelhornstraße konnte ein Kaufinteressent einem Bauträger ein zum Abriss bestimmtes Haus, das exakt auf der Hälfte des Grundes stand, abkaufen, die andere Hälfte wurde dann mit dem nahezu gleichen Haus bebaut, so dass ein

Zwei nebeneinander liegende Grundstücke an der Säulingstraße 22 und 24. Die Häuser wurden gleichzeitig abgerissen, der Grund mit zwei Sechs-Parteienhäusern und einer gemeinsamen Tiefgarage verdichtet. Kurze Zeit später wurde ein weiteres angrenzendes Haus abgerissen und mit einem Fünf-Parteien-Haus bebaut. Neben diesem Gebäude kam es erneut zum Bau eines Mehrparteienhauses mit sehr wenig Restgarten.

größeres Doppelhaus entstand. Inzwischen sind die Grundstückspreise derart hoch, dass die Häuser von den Erben nahezu zwangsläufig verkauft werden müssen, um erstens die Grundsteuer zu zahlen und zweitens das übrige Geld untereinander aufzuteilen. Bei Grundstückspreisen von 2000 bis 3000 Euro kann kaum mehr ein Erbe die anderen - häufig Geschwister - auszahlen und zusätzlich eine betagte Immobilie sanieren - auch nicht bei der in der Siedlung verbreiteten Eigenleistung!

Vorbildliche Sanierungen

Viele Häuser aus der ersten Siedlungsperiode in den 20er Jahren oder späteren Jahrzehnten wurden von den Eigentümern saniert. Das sieht man den Häusern äußerlich nicht immer an. Denn viele Sanierungen beginnen im Inneren, auf die Fassade legen die Eigentümer manchmal nicht so großen Wert.

Erweiterungen der Wohnfläche kamen oft durch Dachgeschoß-Ausbauten zustande. Doch es gibt auch andere Beispiele. So wurde ein Haus mit Walmdach auf der Südseite mit einem Holzanbau wesentlich vergrößert und aufgewertet.

Auch einige energetische Sanierungen wurden bereits realisiert. Eines kann man an dieser Stelle bereits mit Sicherheit zu diesem Themenkomplex sagen: Die Wärmedämmung mit Polystyrol (landläufig bekannt als Styropor) hat sich - ganz abgesehen von Bedenken bezüglich der Brennbarkeit und der entsprechenden Feuergefahr - überhaupt nicht bewährt. Der Grund: Die vielen Spechte, die hier aufgrund der Nähe zum Westpark und zu den Kleingärten vertreten sind, lassen sich nicht einmal mit Raubvogel-Nachbildungen aus Kunststoff an der Fassade abhalten, Löcher in die Wände zu hacken. Auch an die Hauswand montierte CDs, die mit ihren Lichtstrahlen Vögel vertreiben sollten, haben sich nicht bewährt (aufgrund lauter Schläge auf die Dämmung bei Wind).

An der Grüntenstraße befindet sich ein altes Haus, das energetisch sehr effektiv saniert wurde. Ursprünglich stand auf dem Grundstück ein sehr kleines Häuschen (Erdgeschoß und Dach). Dieses Häuschen wurde für den Bedarf einer Familie - in Eigenleistung - wesentlich erweitert. In einer Art Generalsanierung wurde sodann das Haus um 2020 grundlegend saniert, umgebaut, mit neuen Fenstern ausgestattet, mit Mineralwolle gedämmt und - anders als sonst üblich - nicht mit einer Putzschicht, sondern hochwertigen, in grüner Farbe lackierten Blechen eingefasst.

Ein Reihenhaus an der Nebelhornstraße wurde koplett gedämmt und mit einer Erdwärme-Anlage ausgestattet. Ergänzend wurde auf das nach Süden ausgerichtete Dach eine Photovoltaik-Anlage geschraubt. Eine am historischen Vorbild orientierte Fassadengestaltung ist in der Siedlung zu sehen.(Foto rechts)

Das Haus Nebelhornstraße 15 wurde im Krieg zerstört, aber nach 2010 vorbildlich saniert. Der Dachstuhl wurde erneuert, das Dachgeschoß ausgebaut, alte Türen aufgearbeitet und instandgesetzt, neue Sprossenfenster eingesetzt, die Fassade mit den alten, sanierten Fensterläden so hergerichtet, wie das Haus im ursprünglichen Zustand 1927 ausgestattet worden war. Die Fassadenfarbe weicht etwas ab von dem Grau der 20er Jahre. Ansonsten ist das Haus vorbildlich saniert.

Die Zukunft der Siedlung Ludwigsvorstadt

Wie lassen sich die unnötigen Abrisse vermeiden? Wahrscheinlich nur sehr selten! Denn die alten Eigentümer, oftmals Nachfahren der Siedler aus den 20er Jahren, berücksichtigen in ihren Testamenten überwiegend lediglich Familienmitglieder, darunter auch solche, die anderswo ihren Lebensmittelpunkt haben und gar kein Interesse an der Siedlung, dem Grundstück und dem "Altbestand" haben und dann das Grundstück versilbern. Die Folge: Bauträger kommen an Grundstücke mit schönen Gärten und erhaltenswerten Häusern. Der Abriss ist vorprogrammiert. Denn erst der Neubau eines großen Mehrfamilienhauses mit Tiefgarage führt zu dem erwünschten Gewinn für den Bauträger.

Läßt sich die Entwicklung der Siedlung, die ursprünglich von und für Menschen ohne große Brieftasche gebaut wurde, zu einem Eldorado für reiche Leute aufhalten? Ja, wenn die älteren Eigentümerinnen und Eigentümer rechtzeitig dafür sorgen, dass auch nach ihrem Ableben die Belange der Siedlung beachtet werden, dann sind weitere Abrisse zu vermeiden.

Nachfolgeregelung zu Lebzeiten

Eine gute Lösung besteht manchmal darin, bereits frühzeitig für eine Nachfolgeregelung zu sorgen, die auch die Interessen der Siedlung berücksichtigt. Wer über ein großes Grundstück oder ein Haus verfügt, das sich gut aufteilen lässt, kann dem Nachwuchs oder anderen Erben im Einzelfall bereits vorzeitig Grund übereignen.

Testamentarische Lösungen

Es gibt mehrere testamentarische Lösungen, die den Erhalt alter Bausubstanz und schöner Gärten ermöglichen. Die im Testament niedergelegte Formulierung, dass das Haus nicht verkauft oder abgerissen werden darf, reicht jedoch nicht aus. Ein Erbe oder eine Erbengemeinschaft können solche Bestimmungen ignorieren.

Die Vererbung des Grundstücks an mehrere Erben kann eine gute Lösung sein, wenn sich der Grund passend in mehrere Parzellen aufteilen läßt und im Testament exakt geregelt ist, wer welche Parzelle bekommen soll. Häufig stellt jedoch die Vererbung an mehrere Personen eine riskante Sache dar. Denn

Erbengemeinschaften streiten häufig, auch dann, wenn die Mitglieder zuvor das beste Verhältnis gepflegt hatten. Die Folge kann sein, dass am Ende doch per Zwangsversteigerung ein Bauträger den Grund - sogar zu günstigen Konditiionen - erwerben kann. Die Vererbung einzelner Parzellen an einzelne Erben ist auch keine Garantie dafür, dass doch gleich das ganze Grundstück komplett veräußert wird.

Testamentsvollstreckung

Es spricht daher sehr viel für eine testamentarische Lösung mit einer "Testamentsvollstreckung". Die Aufgabe eines Testamentsvollstreckers kann eine vertrauenswürdige natürliche Person übernehmen, auch ein Miterbe oder eine Miterbin. Soll die Person auch Immobilieneigentum veräußern oder aufteilen, ist es zwingend erforderlich, dass dies im Grundbuch vermerkt wird. Einige Beispiele für legitime Wünsche in einem Testament:

- dass das Grundstück direkt an Privatpersonen verkauft wird, die das bestehende Haus erhalten oder Grundstücksteile zur Bebauung mit einem weiteren Haus erhalten;

- dass das bestehende Haus erweitert, saniert und auf der Basis des Wohnungseigentumsgesetztes an zwei oder drei Personen oder Parteien übertragen oder veräußert wird;

- dass Verwandte und/oder gemeinnützige Organisationen bestimmte Geldbeträge aus dem Erlös des Grundstücksverkaufs erhalten sollen;

- dass bedürftige Personen aus der Verwandtschaft oder dem Bekanntenkreis aus dem Verkaufserlös finanziell unterstützt werden sollen;

- dass Gelderträge aus dem Verkauf des Hauses an mildtätige und gemeinnützige Organisationen zu übergeben sind.

Ein Testamentsvollstrecker hat den Willen einer Erblasserin oder eines Erblassers umzusetzen, nichts anderes.

Professionelle Testamente

Die hier skizzierten Lösungen stellen nur einen Teil möglicher rechtlichen Geostaltungen vor. Es lohnt sich, von einem Notar oder einem Fachanwalt für Erbrecht ein fachlich einwandfreies Testament für jeden besonderen Fall anfertigen zu lassen. Nichts gegen handschriftliche Testamente - doch die Gefahr, entscheidende Fehler zu machen, Streit unter den Erben zu erzeugen und ungewollt eine Teilungsversteigerung zu provozieren, ist erheblich.

Allgemeine Erkenntnisse

Siedlungswerk gescheitert

Die Idee, in einem Siedlungswerk die öffentliche Hand, Unternehmer und Siedler für gemeinsame Siedlungsaktivitäten und -finanzierungen zu gewinnen, ließ sich offenkundig nach dem Ersten Weltkrieg nicht realisieren. Die Stadt München baute selbst ab 1920 - zum Beispiel die nicht weit entfernte Siedlung Neufriedenheim an der Fürstenriederstraße. Unternehmer hatten damals nur dann Interesse am Siedlungsbau, wenn sie ihre eigenen qualifizierten und daher wichtigen Arbeiter unterbringen konnten. Das führte im Norden der Stadt zu der Beteiligung an der Siedlung "Alte Heide", im Südwesten der Stadt existierten offenbar nicht in ausreichendem Maße Unternehmen, die sich finanziell für die damals noch nicht verbreitete Organisationsform "Siedlungswerk" engagieren wollten.

Grundstückspreise niedrig

Der Quadratmeterpreis von rund sieben Euro war bei den niedrigen Arbeitsentgelten der 20er-Jahre deulich höher, als dies heute erscheint. Etliche Käufer in der Siedlung Ludwigsvorstadt konnten Grundstücke in der Größenordnung von 700 bis 1000 Quadratmetern erwerben, obwohl sie nicht mit Reichtum gesegnet waren. Manche Grundstückskäufer mussten jedoch wieder verkaufen, da sie sich finanziell überhoben hatten.

Enorme und gute Eigenleistung

Was die ersten Siedler beim Bau der Straßen und Häuser sowie im Zweiten Weltkrieg bei der Reparatur beschädigter Häuser geleistet haben, ist erstaunlich und hat den Erfolg der Siedlung bei der Schaffung von Wohnraum ermöglicht. Im Gegensatz zu anderen Siedlungen, die in Deutschland mit sehr viel Anteil an Eigenarbeit gebaut wurden, zeigten sich hier keine negativen Effekte in Form zusätzlicher Arbeit infolge notwendiger Rückbauten.

Inflation hilfreich für Schuldner

Die extreme Geldentwertung von 1923, die von der Reichsregierung erfolgreich durch eine Währungsreform beendet wurde, half all jenen Siedlern, die bereits Schulden für den Grundstückskauf oder Hausbau aufgenommen hatten. Nach

1923 waren sie schuldenfrei. Eine Katastrophe war die Hyperinflation dagegen für jene Leute, die mühsam Geld gespart hatten, um ein Grundstück zu kaufen oder ein Haus zu finanzieren. Sie verloren ihr kleines Vermögen komplett.

Die Bedeutung der Geschäfte

Einen hohen Anteil an dem Gelingen der Siedlung und einzelner Häuser hatten die Frauen, die mit ihren geschäftlichen Aktivitäten ein zweites Einkommen erwirtschafteten. Nach dem Ersten Weltkrieg war es sehr schwierig für Ehefrauen, einen Arbeitsplatz im Handel oder in der Industrie zu finden, zumal sie ja auch für die Versorgung und Erziehung der Kinder verantwortlich waren. Ein eigenes Geschäft war eine gute und häufig genutzte Lösung zur Vermehrung des Familieneinkommens.

Gartenbau und Tierzucht

Die Nutzung der für heutige Verhältnisse großen Gärten für "Eisenbahnerkühe", Federvieh, Obstbäume und Gemüseanbau waren wichtige Mosaikbausteine für ein besseres Leben in der Großstadt. Wer im eigenen Garten ernten sowie Eier und Fleisch produzieren konnte, musste nicht so viel wie andere Bewohner der Stadt einkaufen und konnte Ausgaben vermeiden. Auch damit ließ sich der Lebensstandard heben.

Interessenvertretung der Siedler

Der 1927 gegründete Siedlerverein Ludwigsvorstadt e.V. hat über die Jahrzehnte eine sehr erfolgreiche Interessenvertretung gegenüber der Stadt praktiziert. Wesentliche Anliegen (Verkehrsanbindung, Tempo-30-Zone, Gestaltung des Pfrontener Platzes, Kinderspielplätze, Erdwall zur Abschirmung von der Autobahn Lindau) konnten durchgesetzt werden.

Umwandlung zur Siedlung für reiche Leute

Die jüngste Entwicklung der Handwerker- und Eisenbahner-Siedlung mit der Anmutung eines Dorfes (in der Stadt) zu einer Spielwiese für reiche Leute war und ist nicht im Sinn der ersten Siedler. Sicher wollten sie, dass es ihren Nachkommen besser ergeht als ihnen selbst. Dass die Häuser von den eigenen Nachkommen durch Verkauf versilbert werden, war jedoch mit Sicherheit nicht beabsichtigt. Dafür haben sie nicht die enorme Eigenleistung bei der Entstehung der Siedlung und einzelner Häuser erbracht.

Bildnachweis:

Alle Farbfotos - bis auf eine Ausnahme - stammen vom Autor. Das Farbfoto auf Seite 57 wurde von Walter Hundertschuh-Guess angefertigt. Historische Schwarz-Weiß-Fotos wurden von Nachbarn aus privaten Fotoalben und -Sammlungen beigesteuert.

Quellen:

Dieses Buch wurde im Wesentlichen auf der Basis schriftlicher Quellen verfasst, die der Autor von Personen aus der Siedlung zur Einsicht, zum Teil auch zur fotografischen Wiedergabe erhalten hat. Viele Dokumente konnten hier nicht abgedruckt werden, sind jedoch über den Autor zugänglich. Er verfügt auch über weitere, zum Teil von ihm selbst angefertigte Fotos (zum Beispiel von abgebrochenen Häusern).

Häufig wurden die schriftlichen Informationen durch wiedergegebene Erzählungen und Erinnerungen ergänzt. Aus schriftlichen und mündlichen Informationen von mehreren Personen sowie der gebauten Realität - zum Teil nur noch auf Fotos erkennbar - ergaben sich zu einzelnen Grundstücken und Häusern relativ klare Gesamtdarstellungen in Wort und Bild.

Unterlagen der öffentlichen Hand - etwa Grundbücher oder Bauakten - wurden nicht ausgewertet. Der Zugang zu diesen Quellen ist begrenzt. Andere Informationen - etwa aus Büchern oder Broschüren - sind im Text zitiert mit Quellenangabe.

Das folgende Buch beschäftigt sich mit der Entstehung und Entwicklung von Wohnsiedlungen im Zeitraum von 1850 bis 1930. Es behandelt

- einfache Arbeitersiedlungen neben Fabriken
- Villenkolonien in exklusiver Lage für das Großbürgertum
- und Gartenstädte für den Mittelstand in der Peripherie der Städte.

Johannes Kelch,
August Exter und die ersten Gartenstädte,
200 Seiten,
Norderstedt 2022,
ISBN 9783753435817